영유아를 위한

신체건강지도

스피리나 저 | 팽영일 옮김

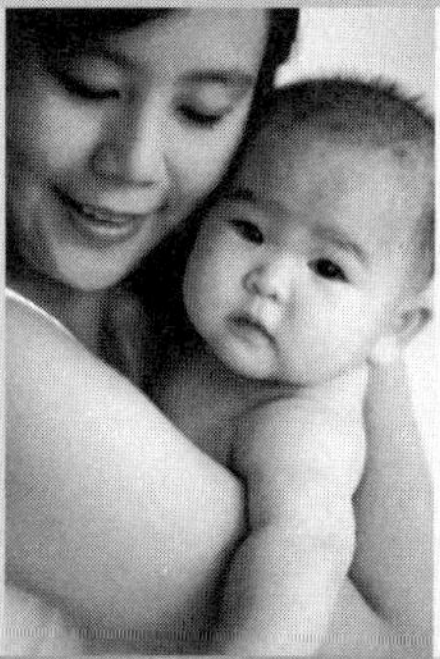

태영출판사

옮긴이의 말

러시아에서는 일찍부터 국가적인 차원에서 영·유아들을 위한 신체건강 교육을 중시하였다. 러시아에서는 많은 훌륭한 소아과 의사들이 영·유아기 때부터 올바른 섭생과 보건위생상의 조치, 성장과 발달에 맞는 조직적인 과업과 교육적인 지도 등의 종합적인 지도법을 중시하여 왔다. 그리하여 영·유아들의 신체건강 교육을 위한 각종의 기초 연구들이 축적되어 있다.

이 책은 영·유아들의 신체건강 교육이라는 전체 체계 속에서 체계적으로 실시되어 온 신체건강 단련법을 소개하고 있으며, 신체단련을 기초로 하지 않은 건강지도법은 가능하지 않다는 측면에서 신체단련의 생리적인 기초와 영·유아들의 해부 생리학적인 특징과 개인 차 및 생활환경의 차이 등을 고려한 지도가 이루어져야 함을 제시하여 주고 있다. 아울러 영·유아들의 신체단련은 그들의 생활 규칙 전체로부터 따로 떼어놓을 수 없는 한 부분임을 지적하고 있다.

이 책에는 영·유아 신체단련을 위한 기본적인 요소인 공기, 물, 태양 등의 자연 요소와 영·유아들의 건강지도를 위해 고려해야 할 중요한 사항을 서술하고 있고, 각 계절에 따라 가정과 영·유아시설에서 실시하는 신체건강 지도방법이 상세하게 소개되어 있다. 그 자료는 러시아 공화국 보건성 모스크바 소아과 연구소에서 오랜 세월에 걸쳐 이루어진 특수 연구에 기초를 두고 있다.

이 책에 소개되고 있는 생후 1개월에서 7세아까지의 영·유아들을 위한 신체건강 지도법은 여러 영·유아시설에서의 실천과 가정에서 실천되어 온 것이며, 러시아 보건성이 인가하고 추천한 내용들이다. 이 책은 의학적, 발달심리학적인 입장에서 영·유아들을 위한 구체적인 신체건강 단련법을 소개하고 있다. 여기에서 말하는 신체건강 지도법이란 여러 가지 질병의 원인으로부터 유아들의 신체적인 저항력을 기르고, 유해한 환경의 영향으로부터 영 · 유아들을 보호하기 위해 실시하는 일련의 신체건강 교육을 말한다.

이 책에 소개되어 있는 구체적인 내용은 시간적인 거리와 사회문화적인 차이가 있음에도 불구하고, 영 · 유아들의 신체건강 지도를 위해 오늘날 한국의 영 · 유아교육시설에서는 어떤 체계적인 프로그램들을 개발하고 실천해야 할 것인가를 보여주고 있다고 생각된다. 특히, 가정과 영 · 유아시설에서 실시하는 신체 건강지도가 효과를 거두기 위해서는 개인별 취급방법, 단련의 점진성, 신체단련의 계통성과 지속성, 정서적 상태의 배려 등의 원칙을 지켜야 함을 잘 보여주고 있다.

영 · 유아교육이 어느 때보다 강조되고 있는 현재 우리의 유아교육 현실에서 지식교육 이전에 신체건강 교육이 그 토대가 되어야 함을 고려할 때 옮긴이로서는 이 책은 나름대로의 의미를 지니고 있음을 독자 여러분들이 우선적으로 인식해 주었으면 하는 바램을 지니고 있다.

끝으로, 이 책을 우리말로 옮기는 과정에서 독자들의 이해를 돕기 위해 우리의 실정에 맞게 각 장과 절을 구분하고, 소제목을 붙이고, 찾아보기를 추가하였음을 밝혀 둔다. 아무쪼록 이 책이 우리의 영 · 유아시설에서 직접 아이들을 지도하는 보육교사 및 유아교사 그리고 시설의 원장과 학부모 여러분들에게 많은 시사점을 제공하여 영 · 유아의 건강지도에 조그마한 도움이나마 되었으면 한다. 아울러 어려운 출판 여건 속에서도 이 책의 발간을 위해 고생해 주신 태영출판사 김현태 사장 이하 여러분들에게 심심한 감사를 드린다.

2007. 9.

옮긴이 팽 영 일

차례

서론

세계에서 러시아만큼 아이에게 주의를 기울이는 나라는 없다. 러시아 아이의 보건은 국가적인 중요성을 지닌 과제가 되어 있다. 예방, 즉 병을 예방하는 것은 러시아 보건교육의 기초이다. 러시아에는 아이의 병을 예방하는 여러 종류의 전염병 예방 대책으로 이루어진 특수 예방, 신체 저항력의 향상을 목표로 하는 일반 예방이 많이 보급되어 있다.

러시아의 지도적인 소아과 의사들은 종종 일반 예방의 기본이 폭넓은 종합적인 건강 대책, 올바른 교육, 보건위생상 모든 요구를 충족시키는 것, 교육의 올바른 자세, 아이의 발육에 맞는 조직적인 과업에 있는 것에 주목하고 있다. 체육의 전체 체계 속에서 본질적인 역할을 하는 것은 아이의 단련법이다. 단련법을 이용하지 않은 어떤 건강법도 생각할 수 없다(아 에프 도울, 게 엔 스페란스키, 엠 에스 마스로프, 유 에프 두우브로푸스카야 외).

유해한 환경의 영향과 질병의 원인에 대한 저항력을 높이려는 목적으로 주로 인간의 육체에 미치는 여러 가지 작용을 '단련'이라고 정의한다. 기상 요인의 잦은 변화—기온, 공기의 습도와 움직임, 햇빛이 비치는 정도와 기간 기타—에 대해 신체의 적응성을 향상시키고자 하는 활동을 종합한 것은 보통 단련에 의해 얻어진다.

단련의 생리적 본질을 더 깊이 연구함으로써 단련이 기후의 잦은 변화에 대한 반응으로서만이 아니라 신체가 최선의 반응을 하도록 한다는 것이 명백해졌다. 단련의 생리적 본질에 대한 이전의 연구가 보여주는 것처럼 단련이 신체 전체에 미치는 영향은 신경 심리적인 것과 생리적인 것의 조화가 이루어진 발육으로 나타난다(붸 붸 가리네프스키, 아 베 바르훼노푸, 엠 예 마르샤크, 아 데 스로니무 외).

규칙적으로 단련을 하는 사람은 병에 잘 걸리지 않으며 특히, 추위와 관련된 감기는 잘 걸리지 않는다. 또, 모든 병에 잘 견디며, 빨리 낫는 것이 명백해졌다 (이 엠 사르키소프 세라지니, 베 베 코이란스키, 엠 에스 코쥐오로프 외). 이러한 사실은 어른 뿐 아니라 아이에게도 관계가 있다. 그렇지만 누구나 아이의 단련 가능성을 인정하고 있는 것은 아니다.

일반적으로 어떤 부모들—이 가운데는 의학 관계자도 포함되어 있다—은 어린 아이들을 단련해서는 안 되며, 어린 아이들을 추운 공기로부터 보호해 주지 않으면 안 된다는 잘못된 생각을 하고 있는 사람이 있다. 우리는 이러한 생각을 하는 부모들의 잘못된 사고와 대항하지 않으면 안 된다. 왜냐하면, 온실과 같은 환경을 제공하는 것은 어린이 건강을 증진하는 것이 아니라 오히려 신체를 허약하게 만들기 때문이다. 또, 이와 함께 아이를 단련하는 방법은 어른을 단련하는 방법과는 다르다는 사실을 고려해야 한다. 아이를 위한 모든 단련법은 아이의 해부생리학적 특징을 고려해서 만들어진다.

아이는 어른의 축소판이 아니다. 아이가 어른과 다른 주요한 특징은 모든 기관과 조직이 아이의 신체 전체가 발육과 완성의 도상에 있는 것이다. 아이가 어리면 어릴수록 발육이 두드러진다. 또, 연령적인 특징과 마찬가지로 단련에 대한 반응에서 나타나는 각 개인의 질적 차이를 고려해야 한다. 현재 확인되고 있는 것처럼 이러한 각 개인의 차이는 타고난 체질과 고차적인 신경활동 유형(즉, 대뇌피질에서 일어나는 주요한 신경작용의 일정한 성질)에 따라 결정된다.

아이에게 실시되는 단련은 모든 다른 작용과 마찬가지로 연령적 차이, 개인적인 성질과 생활환경 등을 고려해서 이루어질 경우에만 유효한 효과를 올릴 수 있다. 아이의 성질을 이해한 위에 아이에 대한 주의깊은 관계와 아이를 위해 가장 좋은 생활환경을 만드는 것이 아이를 건강하게 하고, 전면적으로 조화로운 발육을 돕는다.

아이의 생활 규칙 전체, 수면과 눈뜨고 있을 때의 여러 가시 활동은 아이의 전면적인 발육을 위한 필요를 충족하고, 건강이 증진되도록 조직되어야 한다. 이러한 이유로 단련은 아이가 하루 중에 받는 개별적인 처치로서 간주되어서는 안 된다. 단련은 아이의 생활 규칙 전체로부터 따로 떼어 놓을 수 없는 한 부분이 되어야 한다.

이 책에는 단련의 기본적인 자연 요소와 아이를 건강하게 하기 위해 그것을 이용하는 데 있어서 빠뜨릴 수 없는 요구에 관해서 서술되어 있고, 취학 전의 영유아들에게 각 계절에 실시하는 공공보육시설과 가정에서의 단련 방식이 상세하게 제시되어 있다.

이 책의 소재는 러시아 공화국 보건성 모스크바 소아과 연구소에서 저자와 동 연구소 조수인 엘 엠 하리코바, 제 에스 우와로와,

게페 유르코에 의해서 오랜 세월에 걸쳐 이루어진 특수 연구에 기초를 두었다. 또, 어린이 신체에 미치는 단련의 영향을 연구하는 많은 전문가들(예 게 레비 가리네프스카야, 하 에리 비렌키나, 예 데 자부루도프스카야, 앤 이 루카시, 오 테 타라소와, 엔 게 푸로코피에바, 에리 페 콘다코와 등)도 도움을 주었다.

신체에 미치는 단련의 생리적인 영향에 대한 판정은 그 환경을 적절히 조직하는 배려없이는 생각할 수 없다. 연구는 아이의 올바른 발육을 위한 가장 좋은 조건을 만드는 위생학자들(에스 엠 그론받하, 예 테 스밀노와, 엘 게 사포지니코바, 제 아 푸루지니코와 등)의 지시를 받았다.

이 책에 게재되어 있는 생후 1개월부터 7세까지의 유아의 단련 방식은 여러 아동시설에서의 경험과 가정에서의 양육에서 확인된 것이며, 러시아 공화국 보건성에서 인가되고 추천된 내용들이다.

CHAPTER 1

단련의 생리학

CHAPTER 1

단련의 생리학

주위의 세계가 인간의 신체에 미치는 작용 — 이 가운데에는 단련을 위해 특별히 만들어진 것을 포함함 — 은 감각기관에 의해서 감지되어 중추신경계를 거쳐 여러 내부기관의 활동과 신체 조직에 영향을 미친다. 즉, 심장 순환기 계통과 호흡·분비 계통 그리고 기타 기관의 작용이 변화한다. 신체의 반사반응 속도는 똑같은 자극을 반복하면 빨라지고, 모든 기관과 조직의 반응 범위가 축소되며, 신체 전체에 자극에 의해서 일어나는 바람직스럽지 못한 영향을 방지하는 효과를 가지는 것으로 한정되게 된다.

단련 구조의 토대는 신경 조직의 특수한 성질로 구성되어 있다. 즉, 바람직스럽지 못한 작용을 하는 자극을 조금씩 되풀이하면 필요한 방어반응이 만들어진다. 이러한 무조건 반사가 완성되는 과정을 좌우하는 것은 나이와 중추신경계의 적응 정도, 조직의 발육 수준과 질적인 특성 등이다. 즉, 기본적인 신경작용의 힘, 활발함, 평온함, 흥분과 제지 등이다.

유아기 및 취학 전 아동의 중추신경조직의 주된 특징은 발육이 아직 미완성의 상태인 것이다. 생후 6~7년 동안에 대뇌피질과 일부 피하중추의 급격한 세포 분화가 일어난다. 신경섬유가 완성되는 과정은 그것을 전달하는 신경자극의 전달 속도를 증가시킨다. 신경세포 구성과 신경세포 간의 연결 구성에 분화가 일어나고, 그 결과 지각·신경세포에서 반사 운동신경세포로 신경자극의 전달이 완성된다. 중추신경조직의 급속한 발육은 특히 생후 2년 동안에 현저하게 나타나고, 이 사이에 뇌수의 양도 놀라울 정도로 증가하며 또, 이전에 없었던 신체기능도 나타나기 시작한다.

단련에 있어서 가장 큰 의의를 지니는 것은 호흡기와 혈액 순환기의 상호작용이다. 이 생리적 기능은 신체에 필요한 가스 대사, 즉 산소 유입과 신진대사의 최종 산물 — 탄산가스와 수분 — 의 제거를 보장한다. 해부학적·생리적인 특성으로 유아기의 호흡기 및 혈액순환기의 활동은 보다 효력이 약하다. 어린 아이들은 연상의 아이들과 어른들에 비하면 폐를 통해 들어오는 동일한 분량의 공기 중에서 소량의 산소밖에 이용하지 않는다.

유아기에는 상호대상작용 — 호흡기 부담이 무거운 경우에는 혈액순환이 강화되고 또 반대로 혈액순환이 곤란한 경우에는 호흡이 강해진다 — 에서 에너지 소비가 큰 대신에 효력이 약하다. 예를 들면, 호흡은 주로 들이마시는 공기의 깊이가 아니고 빈도가 늘어나는 형태로 강화되어, 그 결과 폐 속의 가스 교환 조건은 아주 조금 밖에 개선되지 않는다.

뇌의 계속적이며 힘찬 발달 과정 속에서 내부의 모든 기관의 활동을 조정하는 중추신경조직의 조정적 역할은 단련의 영향을 받아 강해져 간다. 동일한 단련 작용을 반복함에 따라 반사반응으로 끌려들어

가는 기관과 조직 범위는 좁아지고 반응은 점차 "목적에 맞게" 된다. 즉, 빨리 신체를 정상적인 상태로 회복하는 것을 도와 주는 기관만이 이 작용에 반응하게 된다. 대체로 어떤 것이라도 훈련이 기초로 되어 있는 것은 원칙적으로 이와 같은 변화의 과정을 거친다. 즉, 완전히 같은 작용을 되풀이함에 따라 신체 반응이 점점 적어진다.

나이와 함께 중추신경조직이 성숙함에 따라 아이의 단련에 대한 능력은 성장한다. 저온에 대한 단련의 한 예로서는 생리적인 기능의 조정 조직을 조사할 수 있다. 피부감각기와 기관 위점막이 자극을 받으면 표피 혈관이 순간 반사적으로 수축하고 팽창한다. 그와 동시에 반사적으로 심장 혈관과 호흡 체계의 기능이 바뀌고 맥박의 빠르기와 상태, 혈압, 호흡의 속도와 깊이가 변화한다. 이러한 변화의 결과 신체 전체의 신진대사 수준과 반응과 저항력이 높아진다.

계통적인 반복에 의한 자극 훈련에 따라 점차 "혈관운동신경의 움직임" — 자극 작용 장소의 혈관 확대와 축소 — 만으로 국한되면서 반사반응의 전파가 좁아진다. 그것과 동시에 처음의 혈관 경련과 확장 사이의 시간이 단축된다. 자극의 힘을 점차 강하게 하면 신체의 훈련성은 높아진다. 단련과정의 반사 실체는 인간의 단련성이 매우 특유하다는 것을 설명하고 있다. 즉, 일정한 반사반응은 계통적으로 반복되는 조건만으로 이루어진다.

유아의 반응 능력은 만약 유아가 단련으로 경험한 것보다 힘든 자극을 만나면(차가운 공기던지 차가운 물이던지간에) 신체가 정상적으로 움직이기 어렵고 병에 걸리는 경우가 있다. 신체 자체의 상태 변화에 따라서 외적 영향으로 저항력이 약해진다. 예를 들면, 일시적인 병 혹은 생활규칙이 무너지거나 수면을 충분히 취하지 않은 유아의 피로 등이 반응을 본질적으로 바꾸는 경우가 있다. 자극에 대해 이전에 받았던 좋은 반응은 없어지고, 이전에 했던 단련 방법은 몸에 힘 이상의 것으로 지각되고, 정상적인 생명의 흐름이 파괴되어 병이 되는 경우가 있다(기관카다르, 코감기, 기관지염, 기타).

또, 단련의 특징은 다음과 같은 점에도 나타나고 있다. 예를 들면, 냉병에 대한 저항력이 강해지면, 동시에 너무 열이 지나친 것에 대해서도 마찬가지로 저항력을 만들어 낼 수는 없다. 인간은 새로운 작용에 대해서는 단련되지 않은 상태로 반응한다.

이와 동시에 또 다른 한 가지 법칙을 소홀히 해서는 안 된다. 즉, 특유의 자극에 대한 완전한 반응을 만들어 내는 것 외에 모든 단련작용은 중추신경조직의 조정기능을 좋게 하며, 신경경로를 민활하게 하고 일반적으로 중추신경조직에 좋은 영향도 준다. 단련에 따라 신체의 생리적 계통의 상호작용 — 호흡과 혈액순환, 신진대사와 체온조절 —도 좋아진다. 이미 어떤 요인에 대해서 단련성을 지닌 아이의 단련은 단련 체험이 전혀 없는 아이에게 처음 행해지는 것보다 훨씬 빠르고 쉽다.

취학전 유아의 중추신경조직의 연령적인 특성은 정상적인 체온을 유지하려고 하는 생리적 조직 전체 특질의 원인이 된다. 신체의 온도조절은 두 가지 방법으로 이루어진다. 즉, 한 가지는 온도를 발생시키는 신진대사 과정의 긴장도를 변화시키는 방법이며, 또 다른 하나는 열의 발산과 대류* 피부면에서 나오는 증발과 호흡기와 소화 잔액물 배설과 함께 증발에 의해서 온도를 발산하는 과정을 변화시

* 대류 – 온도를 균등하게 분배한다. 따뜻한 부분의 온도는 차가운 부분으로 이동한다.

키는 방법이다.

특히, 생후 1개월 이내의 유아는 주위 환경의 온도가 크게 변화하면 자기 체온을 일정하게 유지할 수 없다. 이것은 체온조절이 신체 온도 발생과 발산에 영향을 미치는 신경조직과 내분비 조직의 상호작용에 의해서 보장되고 있는 것으로 설명된다. 신체의 성장 발육 과정에서 맨처음 발달하는 것은 화학적인 체온 조절의 구조, 즉 체온의 발생을 낮게 하거나 높게 하는 능력이다. 생후 1개월째부터 생리적인 체온 조절 —온도 발산을 많이 하거나 적게 하는 —능력이 발육하기 시작한다.

온도 발산을 하는 주된 기관은 풍부한 혈관망이 있고, 혈관의 팽창에 의해 내부기관에서 바깥을 향해 따뜻한 혈액이 흐르고 있는 외피이다. 피부의 상층은 따뜻하면 주위에 열을 전한다. 땀을 닦고 피부가 습해있을 때는 보다 격렬하게 체온 발산이 일어난다. 따라서 땀의 분비는 체온 발산의 보조적인 기능이다. 피부의 혈관이 수축하면, 외부에서 내부 모든 기관으로 가는 혈액 순환을 돕고, 그 때문에 열의 발산이 적어져 열이 보존된다. 피부 외에 호흡기, 소화 배설기가 물리적인 체온 조절에 관여하지만 피부에 비교해 일정한 체온을 유지하기 위해 하는 역할은 매우 적다.

신생아와 생후 1년 미만된 유아에게 나타나는 불완전한 체온 조절은 신경조직의 발육이 미완성인 것을 말해 주고 있다. 유아가 성장함에 따라 신경조직이 "성숙"해지게 되고 체온 조절도 완전해지게 된다. 계통적인 단련은 이러한 과정을 촉진시킨다.

단련이 어린이 신경조직의 "성숙"에 미치는 효과적인 영향의 기초가 되는 것은 베 엔 쿠록소프스키의 논문에서 지적되고 있는 적응성

일 것이다. 신경중추와 가장 활동적인 기관과 또, 그 시기에 단련되는 기관과 직접 관계가 있는 경로가 존재하는 부분 신경조직에서는 신경세포조직이 급속히 완성되는 것이 특별한 종류의 관찰과 경험에 의해서 확인된다. 예를 들면, 취학전의 계통적인 음악교육에 의해 유아의 청각 혹은 절대음감조차도 상당히 좋아질 가능성이 있다는 것은 이것을 보여준다.

올바른 계통적인 훈련에 의해 유아의 운동을 그 형성기에 발달시키는 것은 공간에서 신체를 일정한 상태로 유지하는 능력—앉다, 서다 등—도 돕고, 제대로 된 평행운동을 할 수 있게 한다. 이러한 과정은 신경조직의 관계 중추에서의 구조적인 변화(성숙)를 빠르게 한다.

신진대사에 작용하며 계속적으로 열을 발생하고 또, 피부 혈관에 작용하며 열의 발산을 재촉하는 일정한 작용의 반복적이고 조직적인 훈련은 동시에 그 기능을 조정하는 신경세포조직의 변화를 촉진한다. 그 결과 환경에 따라 열의 발생과 발산을 조절하고, 몸이 너무 차거나 뜨거워지는 것을 막는 신체적 능력이 완성된다. 어른은 체온을 제대로 일정하게 유지하고 있고, 0.5도 이상의 체온 변화는 이상으로 느낀다.

연령적 특성에 따른 신체 외에 유아 개개인의 특질, 고차 신경활동의 유형적 특성에 따라 단련 과정의 질적인 특성이 정해지는 경우가 많다. 이 패 파블로프의 설에 따르면 대뇌피질에서 일어나는 흥분과 제지 작용의 특성—그 힘, 활발함과 차분함—은 신경조직의 유형을 결정하는 주요한 기준이다.

고차 신경활동의 완전한 질적인 특징의 부여는 아마 특수한 실험적 연구에 의해 비로소 할 수 있는 것이지만 보육자나 양친은 매일 실시하는 훈련 속에서 아이의 행위를 주의깊게 관찰하면서 신경작용이라는 이러한 특성의 표출을 대략 판단할 수 있다.

신경작용의 힘은 힘이 넘치거나 행위가 명확한 것, 능력이 집중하고 있는 것으로 나타난다. 예를 들면, 놀이와 훈련에서는 기억한 기능을 확실히 알고 있고, 인내심이 강하고, 새 조건으로의 적응성이 좋고, 바람직스럽지 않은 작용에는 저항력을 가지고 있다.

유아가 빨리 피곤해하거나, 이상할 정도로 겁쟁이이거나 우물쭈물하거나, 일정한 동작에서 주의 집중력이 약하거나, 훈련이나 놀이를 할 때 또, 식사 중에 금방 산만해지거나, 이해력이 늦거나, 바람직스럽지 않은 작용에 대한 저항력이 약한 것은 신경작용이 약한 표시로 간주할 수 있다.

신경작용이 활발한 정도는 어느 동작에서 다른 동작으로 민첩하게 바꿀 수 있다거나 새로운 미지의 환경에 대한 적응이 빠른 것으로 알 수 있다. 또한 아이와 어른과의 접촉이 빨리 가능한 것도 신경작용의 활발함의 표현이다. 거꾸로 신경작용이 활발하지 않은 것은 한 가지 일에서 다른 일로 전환이 어려워서 원만한 일과 새로운 상황과 새로운 생활 환경에 익숙하는 것이 늦어지는 것으로 나타난다.

신경작용의 평정은 유아가 주위에 대하여 정확한 반응, 올바른 규칙, 조용한 놀이나 활발한 놀이에서 똑같은 태도를 나타낸다. 이와 반대의 성격 —신경작용의 불균형 —은 흥분하거나 제지하는 것에서 나타난다. 흥분 작용이 강한 아이는 매우 활발하고 안착함이 없고 솔선력이 있어서 조용한 놀이보다 활발한 놀이를 선택하고, 이야기는 큰 소리로 빠르게 몸짓을 바꾸며, 반드시 알기는 쉽지 않다. 이와 같은 아이는 피곤하면 흥분하여 동적이며, 흥분 상태를 나타낸다. 제지 작용이 강한 아이는 동작이 완만하고 딱딱한 것이 특징이고, 활발한 놀이보다 조용한 놀이를 선택한다. 조용하고 천천히 말하는 태도로 그다지 표정이 없다. 피로하면 잠만 자며 건강하지 않게 된다.

그러나 이러한 징후에 의거하여 어른들로부터 유추하여 고차 신경활동이 이런저런 타입에 속한다고 해서는 안 된다. 유년기의 신경조직의 유형은 정말 이제 막 생긴 것이다. 유아들은 고차 신경활동의 유형적 경향에서의 개개의 특징을 구분할 수 있지만 이들 특징을 아는 것은 유아의 반응을 정당하게 평가하고 아이가 가장 좋은 형태로 정상이고 전면적인 발육을 하도록 돕는 적당한 생활환경을 정돈하기 위해 매우 중요하다.

대뇌피질의 상태와 발육이 고차 신경활동과 아동의 행동 특징을 결정한다는 것은 생리학자(엔 이 크라스노고르스키, 아 개 이와노프스모랜스키)에 의해 확인되었다. 또, 대뇌피질과 내부 모든 기관의 기능을 조절하는 피하중추와의 긴밀한 상호작용도 확인되고 있다(카 엠 브이고프와 조수에 의해서).

이러한 상호작용이 덕택으로 일정한 평행이 만들어지며 유아의 주된 행동에 의해 모든 자극 작용에 반응하는 내부의 모든 기관의 기능의 변화와 신진대사 전체의 변화의 성격을 판단할 수 있다. 따라서 단련작용도 같은 또래의 모든 아이에게 똑같은 것을 채용할 수는 없다. 단련을 편성하는 데는 교육 일반적인 경우와 같이 유아 개개인의 특성을 똑바로 파악하며, 이러한 특성을 가볍게 여기지 말고 고려해야 하는 것이 매우 중요하다.

부모들의 특수 관찰에 의해 신경작용이 충분한 힘과 안착이 있는 아이는 행동에 신경작용이 약한 징후가 보이는 아이의 단련에 비해 단련 템포가 빠르고 효과적인 것으로 확인되었다. 흥분을 잘하는 어린이는 안정시키는 방법을 취하는 것이 유익하며 또, 거꾸로 제지력이 강한 아이는 힘을 내는 방법이 보다 유익하다. 단련 방법은 부분적으로나 전체적으로나 가능하다. 부분적인 처치로는 임의적으로 신체 피부표면의 한정된 부분, 예를 들면 사지, 얼굴, 목 만을 한다. 전체적인 경우에는 전신, 혹은 거의 전신표면을 동시에 쓴다.

부분적인 단련도 전체적인 것보다도 작용이 약하기는 하지만 역시 전신반응을 불러일으킨다. 예를 들면, 발끝에 물을 뿌리면 직접 물을 적신 '발끝' 피부뿐만 아니라 신체에서 떨어진 부분인 다리, 이마, 손, 피부의 온도 변화도 일으킨다. 이러한 사실은 혈관망 전체의 반사적인 변화에 따라 설명되며, 동맥이 혈압, 맥박, 폐활량, 호흡할 때 산소의 수요와 탄산가스 배설 등이 동시에 변화한다. 발끝에 물을 뿌리는 단순한 부분적 처치는 일련의 자율적 기능의 변화를 불러일으킨다.

부분적인 처치의 경우에는 작용 면적이 제한되기 때문에 훨씬 큰 자극 —전신적인 방법으로는 전혀 사용할 수 없는 훨씬 차가운 공기나 물 —을 적용할 수 있다. 예를 들면, 발에 물을 뿌리거나 세면을 위해서 수온을 16도~14도까지 내릴 수 있지만 전신에 물을 뿌리는 데는 26도나 25도 이하로 해서는 안 된다.

강한 작용을 하는 방법인 만큼 짧은 시간이어야만 한다. 그러므로 물이 피부에 닿는 것이 20~25초 이하인 전신 냉수욕의 경우에는 수온이 25~26도가 되는 것이 허용되지만 5, 6분간 계속되는 전신 입욕의 경우에 수온이 35~36도 이하가 되어서는 안 된다.

이미 말한 것처럼 찬 공기나 물에 의한 단련은 단시간에 표피 혈관이 반사적 수축과 연이은 팽창을 일으킨다. 또, 동시에 반사적으로 혈액순환기와 호흡기 기능이 바뀐다. 즉, 맥박, 혈압, 호흡 횟수와 깊이가 변한다. 이것은 모두 신진대사나 신체의 전체적인 저항력을 바꾸어 간다.

신체를 위한 단련 활동의 좋은 구성(조직)과 계속성은 신체 내에 유효한 변화를 일으키고, 바람직하지 않은 구성은 효과적인 작용을 하지 않는다. 따라서 단련을 시작함에 있어서 단련 작용의 적당한 조직을 만드는 것이 제일 중요하다.

여러 가지 단련의 종류와 방법이 유아의 신체와 생리적 기능에 미치는 영향을 연구하는 특수한 조사와 실제 여러 연령의 유아가 실천한 단련에 의해서 유아들의 단련을 위한 일정한 원칙을 공식화할 수 있다. 가정 또는 유아 시설에서 양육되고 있는 유아의 단련 효과는 다음과 같은 기본 원칙 또는 법칙을 엄격히 지킬 경우에만 얻을 수 있다.

① 개인별 취급법
② 단련의 점진성
③ 단련의 조직성과 항구성
④ 정서적인 상태의 고려

1. 개인별 취급법

유아를 위한 단련 작용 또는 방법을 선택하는 데는 유아의 개성 —

건강상태, 신체적·정신적인 발육, 행동과 환경에 대한 반응—을 고려해야 한다. 유아의 상태는 유아기의 특성—질병 이력, 연령에 맞는 발육 상태, 1년 미만인 경우에는 수유와 그 이후의 영양이 적정하였던 것—을 고려하여 평가된다. 유아의 단련에 대한 반응 가능성을 올바르게 판단하기 위해서는 습관과 유아를 감싸는 환경의 구체적인 조건은 중요한 의의를 지니고 있다.

특별한 조사가 보여주는 바에 의하면 고차 신경활동이 강하고 차분한 성격을 지닌 건강하고 정상적으로 발육한 유아에게는 단련이 보다 빠르고 효과적으로 이루어진다. 자주 병을 앓는 약한 유아를 단련함에 있어서는 매우 주의깊게 실시해야 한다. 즉, 유아의 반사반응의 성질을 주의 깊게 관찰하고, 끊임없이 소아과 의사와 상담한다. 그러나 일반적으로 어떤 경우에라도 허약한 유아에게 단련을 실시하지 않는 것은 금물이다. 왜냐하면 건강해지기 위해서는 먼저 단련이 필요하기 때문이다.

단련은 추위에 대해 저항력을 높이는 것 외에 대뇌피질의 조절기능이 좋아지는 것을 도와 줄 수 있다. 중추신경조직에서 흥분 작용이 강해지면 에너지 소모를 높여 급속한 피로를 동반하고 신경조직을 쇠약시켜 유아의 발육에 좋지 않은 영향을 미친다. 따라서, 눈을 뜨고 있는 시간 중 특히 활동적인 놀이만 하고 조용한 과업을 하지 않고 특히, 잠자기 전에 흥분하여 충분히 자지 않은 유아에게는 자극이 강한 방법에 의한 단련은 좋지 않고, 오히려 해를 가져다 주는데 지나지 않을 경우가 있다. 이러한 유아에게는 예를 들면, 잠자기 전에 냉수마찰, 입욕 등을 차분하게 하는 방법이 적합하다.

활동적인 놀이에는 흥미를 나타내지 않고 언제든지 또는 거의 언제든지 조용한 놀이로 시간을 보내고, 오랫동안 자고, 꾸물꾸물 눈을 뜨는 등 제지 작용이 강한 유아에게는 단련과 동시에 흥분 작용을 강하게 하기 위해서 힘을 돋구는 방법을 선택하는 것이 필요하다. 이러한 경우에는 수면 후 전신욕이나 샤워가 유익하며, 유아는 보다 적극적으로 유희나 기타 활동에 참가하고 식욕이 증가한다.

유아를 위한 단련법을 선택하는 데 있어서는 유아의 생활 습관—실내 기온, 환기, 그 외 생활 규칙 등—도 고려하면 좋다. 보육시설이나 유치원에 새로 들어온 유아 한 사람 한 사람에게 여러 가지 단련법을 조합시켜 전부를 다 시키지 않아도 좋다. 집에서는 실온이 높고(24–25℃), 전혀 환기를 시키지 않는다거나, 부모들이 아이에게 옷을 너무 지나치게 두껍게 입혀 실내에서도 두꺼운 신발을 신기고, 순모 옷을 입혔던 아이의 경우에는 아동시설에서의 첫날은 올바른 환기, 적절한 두께의 옷이 이미 단련 작용을 하게 된다. 이러한 경우에는 한꺼번에 단련에 착수하지 말고 서서히 시작하는 것이 좋다. 보육 활동은 부모들과 함께 이루어진다. 가정에서의 유아의 생활 환경은 유치원에서의 생활환경과 다르면 안 된다.

2. 단련의 점진성

모든 단련의 영향은 단련의 요소(공기, 물, 태양광선)가 작용하는 힘이 점차 강해지는 경우에만 효과적인 결과를 가져다 줄 수 있다. 어린 아이와 허약한 아이(조산아, 발육부진과 구루병으로 고민하는 아이)에게 있어서는 단련 요소의 힘을 점차 강하게 하는 것이 특히 중요하다. 단련 요소의 작용이 약한 것에서 강한 것으로 옮겨가는 속도는 아이의 상태, 아이가 작용에 반응을 하는 상태에 따라 정해진다.

단련 방법의 초기에는 심장순환계 조직과 호흡계의 면에서 본능적인 보복 반응이 따른다. 동일한 방법의 반복 예컨대, 같은 온도로 반복하여 목욕을 함으로써 그 반응은 약해지고, 완전히 사라져 간다. 자극을 강하게 하면 예컨대, 좀더 차가운 물을 부을 경우에 그 반응은 새로워진다. 너무 찬 것을 피하기 위해서는 물이나 공기의 온도를 너무 자주 내려서는 안 되지만 또, 동시에 온도를 아주 조금만 내려도 단련 활동을 동반하지 않는다는 사실을 고려해야 한다.

개개의 경우에는 너무 강한 작용과 너무 약한 작용의 중간을 택한다. 호흡기관의 반응 — 단련 처치에 이어서 본능적으로 짧은 시간 호흡이 빈번히 깊어지고 또, 맥박은 빨라지고 확실해진다 — 이 어떻느냐 하는 것은 바른 선택인가를 확실히 보여주는 것이다. 앞에서 실시한 물에 의한 단련 처치보다 더 차가운 물을 사용하면 단시간에 맥박이 빨라지고, 호흡이 깊고 빨라질 것이다. 만약 이 효과가 없어지면 온도를 내리는 방법이 불충분하다는 것을 의미한다. 만약 맥박이 빨라지고, 호흡이 깊고 빈번해지는 것 외에 아이에게 너무 추운 징조(떠는 것, 소름, 피부가 새파래지는 것, 입술과 손톱이 푸른빛을 띠고 있는 것)가 나타나면 물의 온도를 너무 내렸거나 내리는 시기가 너무 빨랐다는 것을 의미한다. 따라서 너무 차갑게 한 것을 예방하는 방법(마사지를 하면서 피부가 약간 빨갛게 될 때까지 부드러운 타월로 닦는다)을 즉시 시행한다.

3. 단련의 조직성과 항구성

단련 반응의 본질은 단련 방법을 조직적으로 끊임없이 반복할 필요가 있다는 것을 말해 주고 있다. 단련법의 조직적인 반복은 하루 중 같은 시간, 가능한 한 같은 환경 속에서 실시되어야 한다. 단련법이 동일한 조건과 시간을 유지하는 것이 필요한 것은 아이에게 며칠간 매일 반복하는 것만으로 조건반사가 작용하여, 단련 준비를 하는 것만으로도 이미 생리기능이 적당히 변하기 시작하기 때문이다(엔이 루카시). 만약 그 후에 시간과 상황에 대한 조건반사가 단련 처치에 따라 추진되지 않으면 그것은 곧 사라져 버리고 단련의 효과는 적어지게 된다.

단련을 며칠 간 중지하면 반응(혈관의 축소와 팽창, 자율기능 변화)은 이전보다 상당히 저하된다. 만약, 단련이 2주 이상 동안 실시되지 않은 경우에는 그러한 장기간 동안의 중단 후에는 단련을 할 때의 가능한 조건 관계가 완전히 없어져 버리기 때문에 맨 처음 온도에서 한 번 더 시작해야 한다.

이와 같이 조직적인 단련에 의한 효과는 끊임없이 단련을 반복하는 경우에만 유지된다. 어릴 때부터 조직적인 단련에 익숙해져, 어른이 되어서는 단련이 없으면 안 되게 요구를 하도록 하는 것이 매우 중요하다.

1년 내내 조직적으로 단련을 하기 위해서는 그 방법이 아이의 생활규칙 속에 확실히 자리잡아 하루 중 여러 시간에 행해지는 습관적인 처치(수면, 산책, 놀이, 세면, 위생상의 입욕, 기타)와 조직적으로 합류하면 쉬워진다. 유아의 생활 규칙은 모든 종류의 활동이 기본적인 보육 목적 이외 단련 목적에 맞는 형태로 편성된다. 수면도 단련의 요구에 따라서 취한다.

단련에 의해 심하게 악화되지 않은 정도라면 가벼운 병의 경우라도 단련을 중지해서는 안 된다. 이러한 경우에는 자극이 약한 방법으로 변경하여 단련을 한다. 즉, 찬물을 끼얹는 것을 냉수마찰로 바꾸고, 전신적인 방법 대신에는 부분적인 방법을 사용하고, 유아가 건강한 경우보다도 2~3도 높은 물을 사용한다. 유아가 완쾌될 때까지는 끝까지 물의 온도를 서서히 낮추어간다. 계절과 날씨에 관계가 있는 조건의 변화에 따라 적당한 단련법을 선택하지만 완전한 중지는 하지 않는다. 예를 들면, 더울 때 실시하는 전신 공기욕을 추울 때는 팔과 발만 부분적으로 노출시키는 산책으로 바꾼다.

4. 정서적인 상태의 고려

신경조직의 전체적인 경향은 여러 가지 작용의 효과에 영향을 주기 때문에 단련을 하고 있을 때 아이의 정서적인 상태를 고려할 필요가 있다. 아이가 활기차고 즐거운 기분일 때에는 신경조직의 조정 기능이 좋아지고, 반사반응이 빨라지며, 조건 관계가 쉽게 만들어져 단련의 효과가 보다 빨리 나타난다.

영·유아의 기분을 고려하는 것은 특히 중요하다. 처음 단련할 때 아이가 편안함을 느끼게 되면 아이는 그 후에도 언제든지 기꺼이 이러한 단련을 받게 되고, 이러한 단련은 아이가 좋은 기분을 가지게 되는 것과 결합된다. 만약, 왠일인지 단련 시간이 다가오면 아이의 기분이 언짢아지면 반드시 미리 아이를 안정을 시키고, 최악의 경우에는 다른 시간으로 변경하거나 그 날은 완전히 중지해야 한다. 잘못하면 부정적인 조건 관계가 형성되어 그 이후로 그 방법은 항상 아이의 기분을 상하게 하여 나쁜 반응을 불러일으킬 수 있으므로 아이가 우는 데도 억지로 실시하지 않도록 해야 한다.

현재는 감정이 인체의 생리적 기능에 미치는 영향의 구조가 아직 충분히 규명되어 있지 않다. 그러나 영향이 있다는 것은 의심할 여지가 없다. 아이의 감정 상태가 가스 교환에 미치는 영향을 연구한 특별한 조사에서 다음과 같은 사실이 또다시 확인되었다. 아이가 좋아하는 이야기를 큰 소리로 읽으면서 그 이야기를 주제로 하는 슬라이드를 보고 있을 때 일어나는 아이의 즐거운 기분은 아이가 슬라이드를 비추고 있는 동안 편안한 자세로 잠을 자고 있음에도 불구하고 가스 교환이 항상 증대한다.

어떤 때는 아이가 좋아하는 "둥근 빵" 이야기 슬라이드가 준비되지 않아 아이가 좋아하지 않은 "거위 미인" 이야기 슬라이드를 방영했다. 외적인 조건이 지켜졌음에도 불구하고 아이는 조용히 자고 슬라이드를 보고 이야기를 들었지만 단지 보고 듣는 데는 무관심하고 즐거운 기분을 경험하지 않았다. 가스 교환 지수도 증대하지 않았다. 게다가 마치 우연한 것처럼 특별히 같은 상황을 여러 번 반복하여 아이가 기대하고 있는 좋은 이야기 대신에 다른 좋아하지 않는 것을 비추면 매 회 가스 대사의 증대는 보이지 않고 오히려 때로는 저하하는 경향마저 보였다.

이상과 같은 관찰은 의심할 여지없이 감정 상태가 신체의 자율기능에 미치는 관계와 영향을 증명하고 있다. 따라서, 부모와 보육자는 아이의 전신적인 발육에 있어서의 감정의 역할과 전체로서 아이의 일과(日課)와 마찬가지로 단련법을 적절하게 실시하기 위한 감정 상태의 의의에 주의를 기울여야 한다.

CHAPTER

2

단련의 자연 요소

CHAPTER 2

단련의 자연 요소

자연 요소(공기, 물, 햇볕 쬐기)는 단련의 수단으로서 널리 이용되고 있다. 다만, 이 요소들의 영향은 일정한 위생적인 요구에 적합한 경우에만 효과가 있다. 단련을 위해 사용되는 공기나 물은 먼지나 화학적, 세균학적으로 오염되어 있지 않은 청결한 것이고, 일정한 온도이어야 한다. 나아가 공기를 이용하는 단련에서는 실내거나 집 밖이거나 간에 온도와 공기의 움직임(바람)을 고려하는 것이 매우 중요하다. 또, 물을 이용하는 경우에는 물 전체의 수압과 물줄기 하나하나의 흐름의 압력이 의미를 가지고 있다. 태양광선에 의한 단련에서는 지면으로 비추는 각도(경사광인지, 수직광인지)와 강도(직사광선인가, 분광인가) 또, 태양광선 아래에 있는 시간 등이 고려된다.

1. 공기

공기의 작용은 피부 신경 말단과 호흡기 점막에 의해 감지된다.

공기는 외면의 가스 대사(신체에 산소를 보내고, 산화의 최종 산물인 탄산가스와 물을 운반한다)를 보장한다. 깨끗한 외기는 다음과 같은 화학 구성으로 되어 있다. 즉, 산소 20.93～20.94%, 탄산가스 0.03～0.04%, 질소 및 불활성 가스 79.02～79.04%이다. 또, 공기 중에는 항상 어느 정도의 수증기를 포함하고 있다.

공기가 신체에 미치는 물리적인 작용은 공기의 질적인 현상 — 열전도성, 온도, 습도, 기압, 움직임, 이온 구성, 밝기 — 에 따라 결정된다. 이러한 현상들의 상호 관계의 차이에 따라 공기가 신체에 미치는 작용의 성질도 변한다. 예를 들면, 일조시에 집 밖의 공기가 신체에 미치는 작용은 실내 혹은 어두스름한 경우와는 다르다.

또, 공기의 이온 구성이 가진 역할은 잘 알려져 있다. 건강에 가장 좋은 이온 상태는 종종 천둥을 친 뒤에 공중 방전에 의해 이온화된 공기나 급류, 폭포, 파도칠 때 등과 같이 물의 격렬한 작용으로 이온화가 일어나고 있는 것에 가까운 공기일 경우이다. 솟아나고 있는 샘물의 경우 같은 효과가 있다.

공기 중에 어떤 혼합물이 포함되어 있는가도 결코 무시할 수 없다. 나트륨 염, 칼륨염, 옥화염 등이 풍부하게 있는 바다의 공기는 좋은 영향을 보여준다. 휘톤취토(식물에 의해서 형성되는 항균 물질로 식물에 의해서 분비되는 휘톤취토는 세균의 번식을 억제한다)가 풍부한 침엽수림의 공기가 건강에 좋다는 것은 널리 알려져 있다. 또, 초원이나 정원의 꽃 향기가 넘치는 공기는 어떤 사람들에게는 알레르기 증상 —비염, 기관지염, 피부 습진, 기타 —을 일으킨다. 부패된 늪지나 고여 있는 배출물 근처의 공기나 화학 생산의 물이나 연기로 오염된 공기, 다량의 먼지와 자동차 배기가스를 포함하고 있는 공기가 유해하다는 것은 말할 필요도 없다.

유아의 정상적인 발육에 있어서 겨울에는 하루에 4~5시간 이상, 여름에는 하루 종일 집 밖의 공기와 접촉할 수 있는 것은 매우 중요하다. 유아들의 산책 장소를 선택할 때는 일정한 정도의 위생적인 요구를 고려해야 한다. 유아가 산책할 지역은 공기가 오염된 공장이나 도로, 보건 위생적으로 위험한 장소(병원, 시장, 가축장, 쓰레기장, 늪지, 기타)로부터 멀리 떨어져 있는 것이 매우 중요하다.

또, 소음이나 날카로운 소리가 들리는가, 아닌가도 중요하다. 잡음이 많으면 아이의 신경 심리적 발육에 좋지 않은 영향을 미치고, 신경을 흥분시켜, 흥분하기 쉬운 성격의 원인이 되며, 더 나아가서는 신체의 저항력을 저하시켜 건강을 해치게 한다.

근처에 숲과 공원이 있으면 그 지역의 미세한 기후는 상당히 좋아진다. 여러 도시에서 실시된 위생학자의 관찰에 의하면 녹지대가 있는 지역의 공기가 녹지가 없는 지역에 비해 먼지가 1/2～1/3 밖에 포함되어 있지 않다는 사실을 보여주고 있다.

푸른 나무들은 건조한 날씨에 습기를 발산하고, 비가 올 때는 습기를 빨아들여 공기 속의 습도를 평균으로 유지하는 것을 돕는다. 공기의 움직임과 태양광선을 부드럽게 하며, 더울 때는 공기 속의 온도를 1.5～3도 끌어 내리고, 소리의 변동을 흡수하여 소음을 완화한다(예테 스밀노바).

단련을 할 경우에 아이가 있는 장소의 공기가 위생적으로 좋은 상태라는 것은 적지 않은 의미를 지닌다. 위생학자들의 관찰에 의하면 그 장소의 미세한 기후는 대부분의 경우 용적에 따라 좌우된다. 현재의 기준으로는 취학전 시설의 그룹방의 넓이는 유아 1인당 평균

2.5㎡, 천장과 마루의 거리는 3m 이상으로 되어 있다. 천장이 낮은 방에서는 공기가 빨리 뜨거워지기 때문에 날씨가 더울 때는 높이 3.5m～3.75m 이상이 되어야 한다.

취학전 아동시설의 주요한 장소에 실시된 연구에서는 공기 중의 탄산가스와 세균의 함유량은 높이 3.05m보다도 2.55m 쪽이 상당히 많은 것을 보여주고 있다. 게다가 겨울에는 천장의 높이가 낮은 방의 환기는 격심한 기온 저하를 동반하지만, 3.05m의 높이에서는 이러한 현상을 볼 수 없다(이 아 안드리아노바).

실내의 공기는 청소와 계통적인 환기에 의해 청결하게 유지된다. 청소는 정기적으로 실시되어야 한다. 마루를 뜨거운 물(50도 이상)로 씻으면 세균 오염이 69% 낮아지는 데 비해, 미지근한 물은 8.8%밖에 억제되지 않는다(엘 게 사포지니코바). 환기는 창, 천장의 창, 작은 창을 통해서 이루어지는데 이 때 그 면적은 실내의 1/50 이상이 되어야 한다.

가장 좋은 환기법은 맞바람인데 짧은 시간에 몇 배나 되는 공기가 환기된다. 맞바람으로 환기를 할 때는 아이들을 방에서 데리고 나오거나 또는 찬바람을 직접 맞지 않도록 하는 것(예를 들면, 침대에 누워 있는 아이는 텐트 모양으로 커다란 시트로 침대 위를 덮는다)이 필요하다.

아이들이 있는 닫힌 실내 공기는 공기 속의 이온이 바람직한 상태가 비교적 급속히 변하여 세균 오염이 널리 퍼지고, 수증기나 먼지, 땀이나 내장 속의 가스 발산에 따른 기체 유기물질의 양이 증가한다. 호흡은 수증기를 많이 포함하고 산소 15.4%, 질소 79.2%, 탄산가스 4.4%를 포함(실내 공기는 탄산가스 함유량이 0.1%를 넘으면 유해하다고 간주된다)하고 있기 때문에 공기의 화학 구성도 어느 정도 바뀌어 간다. 따라서 환기는 밤낮으로 몇 번씩 하는 것이 중요하다. 나아가 따뜻한 계절에는 오랫동안 창문을 열어 둘 필요가 있다.

환기에 의한 공기의 교환 속도는 실내 온도와 바깥 온도와의 차이로 결정된다. 더운 계절에는 온도 차이가 적기 때문에 공기 교환은 완만하고 이러한 때에는 특히 서로 마주 보는 창이나 창문과 문을 열어 두는 것이 효과적이다. 어떤 가정이나 아동시설에서조차 파리나 모기를 막기 위해 창문과 작은 창문이 가제로 덮여 있는 경우가 있는데 이것은 환기를 상당히 방해한다.

전문적인 연구에 의하면 실내 공기의 세균 오염은 가제 위로 한 환기 후에는 거의 변하지 않는다. 가제의 보풀이 일어난 섬유는 세균을 잘 보존한다(호흡에 의한 세균 전파를 예방하는 소독 마스크조차도 가제를 겹쳐서 만들고 있다). 가제로 덮인 창문을 열어도 환기는 보장되지 않고, 착각과 자기 기만이 있다. 추운 계절에는 실내 공기가 차게 되는 것만으로는 공기가 깨끗해지지 않는다.

아이와 실내를 파리로부터 보호하기 위해서는 소극적인 방법으로만 해서는 안 된다. 계통적이고 적극적인 방법을 취하는 것 ―정원이나 쓰레기통, 화장실 등 위생 규칙을 지키고 화학 약품을 사용하여 곤충류와 유충을 정기적으로 박멸한다 ―이 중요하다. 절망으로 된(가제로 된 것은 아니다) 창은 자유롭게 환기를 할 수 있고, 실내에 곤충류가 들어오는 것을 막는다.

가을에서 겨울 동안은 실내외의 온도 차가 크기 때문에 공기의 교환 속도가 꽤 빠르다. 필요한 실내 온도를 유지하기 위해 환기는 매일 단시간 동안 여러 번 한다. 천장의 창을 통한 환기는 차가운 바깥공기가 천장의 창문에 의해서 처음에는 천장쪽으로 향하여 들어오고 나중에는 아래로 내려오기 때문에 따뜻하게 하는 것을 돕는다. 작은 창문도 창문의 윗부분에 붙여야 한다. 단시간 환기를 할 경우에는 실내를 가득 채운 신선한 공기는 벽과 천장, 마루, 실내에 있는 물건에 의해 급격하게 따뜻해진다.

환기는 공기를 깨끗이 하는 것 외에 실온을 유지하는 것에도 도움이 된다. 보통 실내의 벽에 어른 눈높이 정도에 기온을 측정하기 위해 온도계를 걸어 둔다. 그런데, 실온은 항상 똑같지 않다는 사실을 잊지 말아야 한다. 만약 마루가 차갑고, 입구 문에는 방한 설비가 되어 있지 않거나 출입문이 꼭 닫히지 않은 경우 마루쪽에 가까운 공기는 어른의 키 높이 정도의 공기보다 차갑고, 더구나 천장 근처의 공기와 비교해 보면 더욱 더 그렇다. 난방으로 따뜻해진 공기는 위쪽으로 향하여 집중된다. 따라서 난방 기구는 실외(차가운) 벽의 아래쪽에 배치된다.

공기에 의한 단련을 조직할 경우에 같은 온도의 공기의 작용이 사람의 몸에는 계절에 따라 다르게 지각되는 것을 알아 둘 필요가 있다. 겨울에는 실내의 차가운 벽이 계속 따뜻한 공기를 흡수하지만 여름에는 실내의 따뜻한 벽 자체가 열을 발산한다. 이 때문에 겨울에는 인체의 열 손실이 여름의 같은 기온 때보다 크다. 의복을 선택하거나 단련을 실시할 때는 이러한 사실을 고려해야 할 필요가 있다. 이에 대한 구체적이고 실제적인 것에 대해서는 각각의 장에서 서술한다.

분명히 공기의 온도도 중요하다. 공기의 상대 습도는 40~60%가 가장 쾌적하게 느껴진다. 습도가 낮으면 점막과 피부를 건조시켜 인후에 불쾌한 느낌을 일으킨다. 또, 높은 습도도 불쾌하고 습한 느낌을 주며, 몸 안의 열 교류를 방해한다. 고온다습한 경우는 체온의 발산이 곤란하게 되고, 그 결과 급격하게 열이 나는 경우가 있다(이 경우 공기의 움직임 —바람 —은 그다지 도움이 되지 않는다). 마찬가지로 습도는 높아도 기온이 낮은 경우에는 체온의 발산이 꽤 많아져 급속하게 차가움을 느낀다. 그리고 바람은 습하고 서늘한 공기의 냉각 작용을 더욱 높인다.

건조한 공기 속에서의 기온 발산은 꽤 낮아지고 특히, 기온이 높은 경우에는 곤란해진다. 이 경우에 바람도 체온 발산을 용이하게 하지 않고, 체온은 너무 뜨거워지게 되고 몸 안의 수분을 잃어버릴 뿐이다. 그러나 습도가 낮고 기온도 낮고, 바람(바람은 피부 근처의 공기층을 끊임없이 교환한다)이 없는 경우에는 공기 속으로 열의 이동이 완만하게 이루어지는 덕분에 추위에 견디기가 쉽다.

공기의 화학석, 물리적 성질이 인체에 비치는 영향은 현재 아직 충분히 연구되어 있지 않다. 공기의 이온 구성, 우주선(宇宙線)의 강도, 여러 가지 전자파나 음파의 포화도(飽和度) 등이 중요한 것은 의심할 여지가 없다.

2. 물

물의 작용은 피부 표면의 신경말단에 의해 감지된다. 인간은 공기의 작용과 마찬가지로 태어날 때부터 물의 작용을 체험한다. 신체의 어느 부분을 수분으로 축축하게 하면 신체의 그 부분에 수분의 증발에 의한 열의 발산이 왕성해진다. 증발은 물의 냉각작용을 강화하고 체내에 더욱 장시간 격렬한 변화를 일으킨다.

물은 공기와는 다르게 매우 보온작용이 있다(열용량과 열전도성). 물의 열전도율은 공기의 열전도율의 약 30배에 달한다. 이 때문에 피부 표면의 온도와 거기에 닿아 있는 물의 온도는 피부의 표면과 거기에 닿아 있는 공기층의 온도보다도 훨씬 빨리 균등화된다.

물은 양이 많아지면 신체의 표면에 대한 압력에도 작용을 미친다. 예를 들면, 저수지 속에서 수욕(水浴)할 경우 특히, 강한 물살과 물결이 치는 때 등의 경우이다. 물결이 없는 저수지에서 수욕(水浴)을 하거나 또는 입욕(入浴)할 때조차도 억누르는 물의 힘이 느껴진다. 가느다란 하나하나의 물의 흐름(샤워)의 압력은 피부와 나아가서는 심층 부위의 조직에 집중적인 영향을 나타낸다.

물은 피부 표면의 세포 팽창을 재촉하며, 그 세포가 벗겨 떨어지는 것을 빠르게 한다. 또, 물의 작용에 의해 피부의 지방 보호층이 씻겨 나간다. 표피의 바깥측 세포나 피부 지방과 함께 세균이나 땀, 먼지나 오물이 신체의 표면으로부터 제거되어 피부의 기공이 깨끗해져 피부의 호흡이 쉬워진다.

물 속에 용해되어 포함되어 있는 염분과 가스류는 피부를 통해 신체 전체에 중요한 영향을 준다. 이러한 특질은 입욕 요법에 이용된다. 위생이나 치료나 단련을 목적으로 물을 사용할 경우에는 물이 세균에 오염되어 있지 않는가를 조사하는 것이 매우 중요하다. 그렇게 하지 않으면 피부 표면뿐만 아니라 신체 전체가 완전히 감염되는 원인이 되는 경우가 있다.

물은 자연 조건 속에서 공기와 태양의 작용에 의해 병원균으로부터 정화된다는 것은 잘 알려져 있다. 전문적인 연구에 의하면 외용으로서 흐르는 물 또는 햇볕이 잘 드는 저수지 물, 지하수, 깊은 우물물은 아주 청정하다는 것이 확인되어 있다. 수돗물과 마찬가지로 인공적인 저수지 물은 염소 살균에 의해 세균이 제거된다.

3. 태양

태양의 방사 에너지(태양 복사 에너지)도 또한 단련 수단으로 이용된다. 태양 스펙트럼의 중앙부는 인간의 눈으로서는 가시광선이다(스펙트럼의 적색~보라색 부분). 스펙트럼의 가시 부분의 영역 바깥은 비가시광선(적외선과 자외선)이다. 자외선은 생물학적으로 가장 활발한 작용을 하고 있지만 생물학적으로 보아 적외선 쪽은 그다지 작용이 없다.

스펙트럼의 적외선 부분은 주로 열작용을 나타내고 스펙트럼의 반대인 차가운 부분(자외선)의 생물학적 작용을 강하게 할 뿐이다. 태양 스펙트럼의 자외선 부분이 지닌 생물학적인 작용은 신진대사 과정에서 체내에 일어나는 화학적인 변화를 변화시켜 피부 표면을 살균한다.

태양 방사선의 강도는 그 방향과 집중도에 좌우된다. 대기층은 태양광선을 저지시키고 분산시킨다. 이 때문에 태양광선이 대기층을 비스듬히 통과하는 아침과 저녁에는 그 작용이 약하고 태양이 정점에 있어 광선이 지면에 수직으로 부딪치는 정오에는 그 작용이 가장 강하다.

방해를 받지 않고 바로 지표에 닿는 태양광선과 눈에 잘 띠지 않는 자연 혹은 인공 장애물 —얇은 구름층, 무성한 수목의 꼭대기 부분, 커텐, 바둑판 무늬문 —을 통해 분산된 광선과는 다르다. 빛의 작용은 분산하면 약해진다. 한 곳으로 집중하지 않으면 반사 태양광선으로는 더 약해진다. 반사하고 분산한 태양광선이 낮의 광선이다.

CHAPTER 3

공기를 이용한 단련

CHAPTER 3

공기를 이용한 단련

공기가 인체에 미치는 작용은 태어나는 순간부터 시작된다. 아마 주위 공기 구성의 변화에 반응하지 않는 생리적 기능은 하나도 없을 것이다. 공기의 복잡한 질적인 구성이 인체에 미치는 공기의 여러 가지 작용을 결정한다. 신선한 공기는 종합 흥분제적 작용을 지니고 있다. 그 영향에 의해 중추신경조직의 조절 기능이 좋아지고, 신진대사가 촉진되며 혈액 속의 헤모글로빈과 적혈구가 증가되어 혈액 보호 기능이 높아진다. 신진대사에 의한 변화 결과 소화가 잘 되고, 신장과 피부의 배설 기능이 좋아진다. 이러한 모든 변화는 유아의 전체적인 신체 발육을 돕고, 유해한 작용에 대한 저항력을 높인다. 또, 신선한 공기의 좋은 작용은 유아의 기분에 나타난다. 유아는 건강하고 밝아진다.

공기는 단련의 수단으로서 일년 내내 끊임없이 이용할 수 있어야 하고 또 그렇게 해야 한다. 어쨌든 인체는 일생 동안 끊임없이 공기의 작용을 체험한다. 우리들의 과제는 유아의 정상적인 성장 발육을 재촉하도록 공기의 끊임없는 작용이 항상 좋은 영향을 나타내게 하는 것이다.

공기는 첫째로 신선하고 청결(이온과 화학적 구성, 유해한 혼입물이 없다는 의미)해야 한다. 신선한 공기가 인체에 미치는 자극 작용의 강도를 목적에 맞게 변화시키기 위해서는 여러 가지 방법 —아이가 있는 실내의 기온 조절, 직접 공기의 영향을 받는 표피 면적을 조절하는 적당한 의복 선택 —이 있다. 이 외에 계속 신선한 공기 속에 있는 시간을 변화시키는 것도 중요한 의의가 있다.

공기가 피부의 감각기관에 주는 자극 작용은 피부와 공기의 온도차가 크면 클수록 강하게 나타난다. 혈관이 통하지 않는 피부의 각질층(표면)은 심층부의 혈액 공급 —혈관망이 풍부한 피부 —에 의해 따뜻해진다. 또, 피부 각질층의 온도가 변화하는 속도는 그 층의 두께와 관계가 있다. 나아가 각질층의 온도는 내부조직에서부터 전해져 오는 열의 영향도 나타나고 있다.

대규모의 기관, 간장, 심장, 신장, 그 외 열 발생기관 위의 표피는 일반적으로 온도가 높다는 사실은 주목할 만하다. 만약 신체 내부의 온도가 주위 기온보다 높은 경우에는 신체에서 열이 주위로 발산되어 신체가 차가워진다. 사라진 열은 신진대사의 도움으로 회복된다. 체온을 일정하게 유지하는 조정기관의 작용은 유아의 성장과 발육에 따라 완성된다.

1. 공기욕

공기에 의한 단련은 다른 방법에 의한 단련과 마찬가지로 작용이 격렬하지 않은 약한 처치에서부터 시작한다. 그렇기 때문에 처음에 공기욕은 잘 환기된 장소에서 실시되고, 이 경우 공기의 자극 작용은 주로 기온에 의해 이루어지게 된다. 기온은 처음에는 체온 조절 기능의 긴장을 불러일으키지 않을 정도, 즉 유아가 불필요하게 더워나 추위를 느끼지 않도록(쾌적한 상태) 해야 한다.

영·유아에게 적당한 실내 온도는 20℃에서 22℃(물론 이 경우 옷을 적당하게 입는다)이다. 그러나 당연히 개인차는 있기 때문에 각 유아의 상태를 고려하는 것이 중요하다. 영·유아에게 너무 차갑게 하면 피부가 새파래지고, 만져 보면 발바닥과 손끝이 차갑고, 입술, 손톱이 새파랗고, 얕은 부위의 혈관망의 정맥혈이 정체되기 때문에 복부, 흉부, 대퇴부에 "대리석 모양같은" 얼룩이 생긴다. 취학 전 유아의 경우에 차갑게 하면 "닭살"이나 몸을 떠는 등의 반응이 나타난다. 몸이 너무 뜨거워지면 표피가 빨개지고 호흡은 곤란해져 얼굴이나 목과 피부의 주름진 곳에 땀을 많이 흘린다. 몸이 지나치세 뜨거울 경우와 마찬가지로 몸이 차가운 징후가 나타나면 즉시 그것을 제거하는 방법을 취해야 한다.

2. 옷

각 유아가 쾌적하게 따뜻함을 유지하기 위한 최상의 방법은 의복을 적절하게 바꾸는 것이다. 단련 과정에서 아이의 옷을 적절하게 선택하는 것은 매우 중요하다. 그것에 의해 더운 계절에는 신체가 너무 더워지는 것을 막고, 추운 겨울에는 추위로부터 보호한다. 아이가 옷을 입을 때 중요한 것은 통기성이 좋은 것이다. 이것은 유아는 어른의 경우보다 신체의 전체적인 생활 기능에서 피부의 호흡이 훨씬 더 큰 의의를 가지고 있기 때문이다.

옷이 너무 따뜻하면 실내 기온이 높은 것과 마찬가지로 신체가 뜨거워져 반사적으로 체온 발산을 일으킨다. 이것은 외면적으로는 유아의 목과 머리, 두발 부분이 땀 때문에 축축해지게 된다. 그런데 이러한 경우 문을 열어 땀에 젖은 피부에 신선한 공기가 미치는 미세한 작용이 너무 차가움을 야기시키면 감기에 걸리게 되는 경우가 있다.

겨울의 평상복으로서 아이의 손과 발의 끝을 완전히 드러나게 하는 너무 얇은 옷은 부적당하다. 왜냐하면 정상적인 실내 기온의 경우에도 유아가 발산하는 열은 차가운 벽과 주위 물건에 다량으로 흡수되어 여름보다 냉각 작용이 강하게 작용하기 때문이다.

어떤 유아 시설에서는 겨울에 실내에 있는 동안 소매와 양말을 걷어올리고 있다. 이러한 단련 방법을 올바르다고 생각해서는 안 된다. 왜냐하면 감싸고 있던 피부를 직접 노출함으로써 온도 감각의 대비 작용을 받아 피부 혈관의 반사 반응 —단시간의 혈관 수축과 팽창(소위 혈관 운동 신경의 작용) —이 일어날 때 실제 단련 효과가 생기기 때문이다.

혈관은 노출한 몇 분 후에 새로운 조건에 순응한다. 만약 너무 차가우면 피부 혈관은 마비 상태 —동맥은 일시적으로 팽창과 수축 능력을 잃고 무 활동이 된다 —가 된다. 이것에 의해서 표피가 하얗게 되고 차가와지는 것이 설명된다. 피부나 점막이 푸른 빛을 띠는 원인이 되는 혈액의 정체가 정맥망 내에 일어나는 것이다. 이미 혈관

운동 신경의 움직임은 더 이상 일어나지 않는다. 새로운 바람직스럽지 않은 조건 속에서도 신체는 생리적 기능을 유지하도록 상태가 바뀐다.

다행히 그렇게 자주 있는 일은 아니지만 가정에서 단련의 생리학적 본질을 모르고, 아동의 신체 발육의 법칙을 올바르게 이해하고 있지 않은 부모들이 자기의 아이를 단련시킬 작정으로 가혹한 방법을 취하는 경우가 가끔 있다는 것은 잘 알려져 있다. 예를 들면, 어떤 가정에서는 이제 막 걷기 시작한 아이가 실내에서 겨울이나 여름이나 아무것도 입지 않고 팬티만 입고 있을 뿐이다. 이러한 아이들이 추운 계절에 단시간의 산책에 그치고 그것마저도 매일 실시하지 않고 그 대신 대부분 벗은 채로 실내에 방치되어 있다. 부모들은 멋대로 체조 용구를 사용하여 아이가 가능한 한 혼자서 움직이는 것을 장려하였다. 대개는 아이를 건강하게 하기 위해서 적극적인 운동이 활용되고 있다.

이러한 방법을 단련이라고 생각해서는 안 된다. 항상 옷을 벗고 있는 아이는 추위를 호소하지는 않지만 격렬하게 움직이며 돌아다닌다. 아이들은 가만히 있는 짧은 시간 동안에는 양 손으로 무릎을 가슴에 껴안고 웅크리는 것을 좋아하였다. 이러한 자세가 열을 최대한으로 보존할 수 있는 것은 분명하다. 아이들은 무의식적으로 몸을 따뜻하게 하려고 끊임없이 노력하여, 격렬하게 움직이며 돌아다니고 등을 둥글게 웅크리거나 하였다.

단련의 본질을 올바로 이해하지 않는 부모들은 자기 아이들은 단련되어 있다고 생각하여 아이의 조화로운 생리적 발육이나 건강 상태의 관리에 필요한 주의를 기울이지 않고, 아이가 혼자서 운동하는 것이 필요한 신체 발육을 보장한다고 생각하고 있다.

이러한 아이들에 대한 의학아카데미 소아과 연구소에서 실시한 면밀한 조사는 바람직스럽지 않은 조건을 동반하는 생활이 아이의 발육과는 본질적으로 합치하지 않는다는 것을 명백하게 보여주고 있다. 특히, 그들은 전반적인 신체 발육이 늦어지는 것, 자세가 나쁜 것, 많은 생리적 기능 — 호흡, 혈액 순환, 체온 조절, 기타 — 이 표준 지수로부터 벗어나고 있다는 것이 인정되었다. 물론 이러한 원인은 이상한 단련방법에 있을 뿐만 아니라 부모들이 아이의 합리적인 식이(食餌)나 아이의 생활 속에서 위생적인 요구를 충족시키는 것을 중요시하지 않았던 것에도 있었다. 이러한 생활 방법이 아이 발육에 미치는 나쁜 영향은 증명할 필요도 없다. 부모들에게 있어서는 그러한 교육법 특히, 단련법의 결함이 분명하였기 때문이다.

이와 같은 예는 아이 신체의 내한성(耐寒性)을 잘 증명하고 있다. 그러나 물론 이것은 아이의 내한성을 믿고, 어릴 때부터 아이가 견딜 수 있는 능력 이상으로 부담을 받게 해도 좋다는 의미는 아니다. 각 단련 방법은 각각의 의미와 이론적인 기초와 실제적인 필요성을 가지고 있어야만 한다. 추위에 대한 아이의 단련 과제는 차가운 자극에 대한 방어 반응을 빨리 기르는 것이고, 그 강인함은 일상 생활 속에서 부딪히는 온도의 변화를 넘어서지 않는다.

공기에 의한 단련은 다른 자연 요소에 의한 단련과 마찬가지로 아이 생활 규칙 속의 모든 요소, 자거나 깨어나는 것과 결합해서 실시되면 실제로 계통적이 될 수 있다. 생후 일주일 이내의 아이는 밤낮 동안 몇 번이나 기저귀와 옷을 갈아입을 때 공기욕을 한다. 그 때 유아는 몇 분 동안 알몸이 되고 난 후 옷을 입게 된다. 이 때 보통 실내 기온 20℃～22℃에서 쾌적한 느낌을 갖는 모습이 보인다. 그러나 실내 기온이 조금 낮거나 유아가 조금 약할 경우에 공기욕은 열이 나는 곳 —반사경이나 벽난로나 유아 옆에 놓여 있는 끓인 물을 담은 통 —근처에서 해야 한다.

아무리 짧은 시간이라도 공기욕을 할 때는 유아에게 적합한 마사지나 신체 훈련을 하는 것이 유익하다. 마사지나 체조는 주야로 1회씩 실시한다. 그 이외의 시간에는 유아의 운동을 재촉하면서 유아와 상냥하게 이야기를 하고 놀기도 한다.

유아의 운동을 발달시키기 위해서는 베이비 서클(아기를 안전하게 놀리기 위한 조립식 목책)에 넣는다든지 발육에 맞는 장난감을 준다. 생후 4개월부터는 몇 분 동안 유아가 배를 깔고 엎드려 기어가도록 한다. 베이비 서클이 없는 경우에는 기름 포대기를 붙인 베니야판을 아기 침대의 매트리스 위에 놓고 대용할 수 있다. 공기욕을 할 때, 공기욕을 한 후 옷을 입을 때, 유아가 눈을 뜨고 있는 짧은 시간에는 침대 위가 아니고 베이비 서클의 딱딱한 위에 놓아야 한다. 자기 전에 유아에게 젖을 먹이고 그 후에 낮잠을 자게 하기 위해 침대에 눕힌다.

옷을 갈아 입힐 때와 공기욕을 할 때는 유아가 유쾌한 기분이 되도록 배려해야 한다. 공기욕을 한번 계속하는 시간은 생후 1개월 이내에는 2~3분 정도에서부터 시작하여, 생후 4~5개월경이 되면 5~8분 정도까지 연장하고 마사지와 체조의 전체량도 더 많게 한다.

그런데 15～20명의 아이를 돌보고 있는 어린이집에서는 아이의 옷 갈아입히기는 그룹 별로 한다. 즉, 보육자는 순서대로 옷을 벗기고 알몸이 된 3~4명의 아이를 베이비 서클에 두고, 그 다음 같은 순서로 옷을 입힌다. 만약 어떤 아이라도 추위를 느끼는 징조(피부에 '대리석 모양'이 나타나거나 안정을 잃게 된다)가 나타나면 가벼운 마사지를 하면서 바로 그 아이에게 옷을 입힌다. 보육시설에서 기저귀를 갈 때도 마사지와 발육에 적합한 체조를 실시한다.

공기욕은 계통적으로 하루에 한번 또는 여러 번 실시한다면 공기욕의 1회 시간을 점차 길게 하여 1년의 마무리 때는 10분 정도까지 해도 좋다. 이 경우에 공기욕은 하루에 2~3회 실시하고, 밤에 수면을 한 뒤 옷을 갈아입을 때와 낮잠을 자고 난 후 2번으로 정해져 있다. 잠을 자기 전 유아가 옷을 갈아입을 때 공기욕은 권장되지 않는다. 왜냐하면 공기욕을 할 때 움직이는 것이 어린 아이의 기운을 북돋우어서 잠을 자게 하는 것을 방해하기 때문이다.

공기욕의 시간을 점차 길게 함과 동시에 기온을 서서히 단련의 초기 때의 22℃～20℃에서 생후 1년경에는 18℃까지로 낮춘다. 보육시설에서 한 그룹 속에 서로 다른 연령의 아이가 있을 때는 어린아이는 난방 옆에서 기저귀를 갈고 공기욕을 하고, 더 큰 아이들에게 너무 덥지 않게 하기 위해 실내 기온은 19℃ 이상으로 올리지 않는다. 생후 1년 이상의 아이에게 실내 기온 19℃ 이상은 유익하지 않다.

더운 계절에는 미리 실내에서의 공기욕에 익숙해지게 되고 나면 열어 놓은 베란다나 정원 처마 밑이나 나무 그늘에서 보내도록 할 수 있다. 이 경우에 바람이 없고 기온은 22℃～23℃ 이하가 되지 않도록 유의해야 한다.

3. 수면

생후 1년 된 아이가 깨어 있을 때는 베이비 서클 안에 넣어 골격과 근육을 강화하고 연령에 맞게 평행 기능이나 운동 기능의 정상적인 발육을 재촉한다. 유아가 있는 방은 신경을 써서 반복하여 환기시켜야 한다. 따뜻한 계절에는 베이비 서클을 개방된 베란다나 뜰의 처마 밑으로 가지고 나갈 수 있다. 일년 동안 영·유아의 낮 동안의 수면은 바깥 즉, 뜰에서 바람이 미치지 못하는 부분, 발코니 또는 개방된 베란다(그림 3-1)에서 자도록 한다.

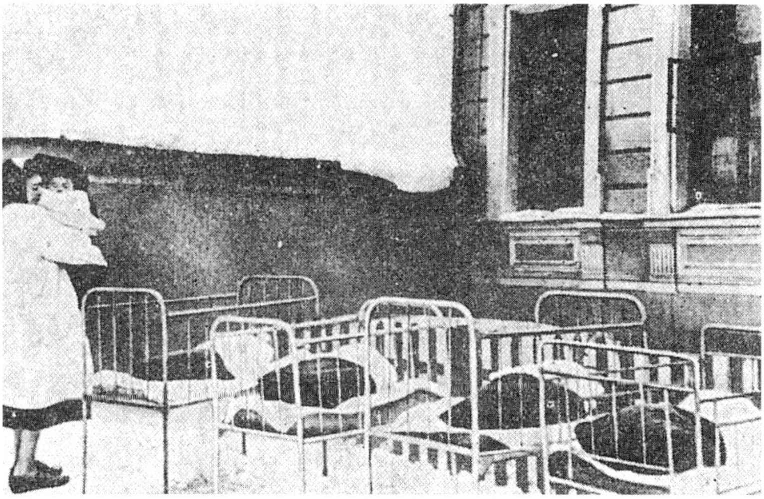

그림 3-1

영·유아의 낮 동안의 수면은 소비에트의 중간기후 지대에서는 영하 10℃～영하 15℃를 넘지 않는 추위일 때는 바람을 피해 바깥에서 자도록 한다. 겨울에는 생후 2~3주에서부터 처음에는 하루에 2회부터 시작하여 야외의 수면에 견뎌내게 한다.

좋은 습관을 익히기 위해 처음 며칠 간은 잠을 자고 있는 동안이 아닌 20~30분간만 바깥에 두고, 그 후 환기가 잘 된 방으로 옮겨 잠이 깨지 않도록 면 보자기나 모포에서 꺼내 준다. 점차 바깥에서의 수면 시간을 연장하여 4～5일 후에는 잠을 자고 있는 동안 하루에 세 번 바깥에 둔다. 생후 1년 이상 된 아이도 낮 동안은 바깥에서 수면을 취하도록 해야 한다. 이것은 추운 계절에도 하루에 4시간 이내(낮 동안의 수면시간)는 신선한 공기 속에 있을 가능성을 제공하게 된다.

추운 계절에 야외에서 수면할 때는 유아의 얼굴이 바람이나 비와 눈에 노출되지 않도록 해야 한다. 추울 때는 유아의 얼굴 피부나 입술에 얇게 기름류를 발라 준다. 병든 아이라도 겨울의 신선한 공기 속에서 수면을 취하는 것은 유익하다. 때때로 어떤 일부의 부모들과 보육시설의 보육자조차 유아가 '코를 쌕쌕거린다'는 것을 구실로 공공연히 실내에서 잠을 재우는 경우가 있는데 이것은 전혀 올바른 방법이 아니고 유아에게 유익하지도 않다.

코감기가 겨울에 바깥에서 수면을 취하는 것의 부적당한 징후는 아니다. 만약 유아의 코가 깨끗해도 코의 점막이 부어 호흡하기 힘들어 해도 차가운 공기는 점막의 팽창이 급속히 빠지는 것을 도운다. 얼굴 피부에 차가운 공기가 닿으면 코가 '막혔다'는 느낌은 급속히 없어지고 코로 하는 호흡은 회복된다.

유아는 콧구멍이 점액으로 막혀 있으면 코로 호흡을 할 수 없기 때문에 작은 면봉으로 닦고 코 점막에 와세린을 가볍게 바르고 난 후 수면을 취하기 위해 바깥으로 데려나가야 한다. 유아가 코로 자유롭게 호흡을 하도록 또, 바깥의 차가운 공기 속에 있을 때는 소리를 지르면서 울지 않도록 잘 돌볼 필요가 있다. 왜냐하면 유아가 소리를 지르고 울면 입으로 깊이 호흡을 하여 차가운 공기가 폐에 들어가기 때문이다.

비가 올 때 낮 동안의 수면은 실외의 처마 밑이나 처마가 없는 경우에는 개방된 베란다나 또는 창문을 개방한 방에서 실시한다. 얼굴의 피부가 느끼는 찬 공기의 가벼운 움직임은 빗방울이 떨어지는 소리와 마찬가지로 신속히 깊은 수면으로 유도한다.

낮 동안 유아가 유모차에서 잠을 잘 때 유모차의 침상은 침대와 같이 편편하고 탄력성이 그다지 많지 않은 것이 좋다. 유아를 너무 깊은 유모차에 눕혀서는 안 된다. 그렇게 하지 않으면 신선한 공기가 아이의 얼굴에까지 자유롭게 들어가기 어렵다. 부모들이 유아이 얼굴이 가려지게 모포로 감싸거나 유모차의 덮개를 씌우는 것은 잘못된 방법이다. 이러한 경우 유아는 좁은 폐쇄된 공간 속에 있으면서 자기가 뱉아낸 것과 똑같은 공기를 호흡해야 하게 된다. 이러한 조건하에서 실시하는 산책의 효과는 부정적인 가치를 가지는 것은 말할 필요도 없이 제로에 가깝다.

실외에서 낮잠을 재울 경우에는 유아에게 적당히 입히는 것이 중요하다. 이 때문에 부모들이나 또는 보육시설에서 양육할 경우에 그 종사자는 세심한 주의와 민감함을 지녀야만 한다. 여기에서는 기후와 날씨의 성질, 그 지역이나 베란다와 발코니 위치 등을 고려해야 할 필요가 있다. 이와 함께 각 유아의 특성에도 주의를 기울여야 한다.

체온 조절 능력 —각각 고유의 체온을 유지한다 —은 연령뿐만 아니라 각 유아의 체질에 따라서도 결정된다는 사실은 잘 알려져 있다. 이러한 각각의 성질은 이미 앞에서 서술한 대로 고차적인 신경활동 발육의 유형적인 경향에 의한 것이기 때문에 그것이 겉으로 드러나는 것은 행위나 신경·심리적, 육체적인 발육의 움직임에서 인식되고 또, 안팎의 자극에 대한 신체의 자율반응 성격에도 나타난다.

제 아 푸루지니코바에 의한 특수한 조사 결과에 의하면 소비에트의 중간기후 지대 때문에 다음과 같은 아이의 표준 의복 편성이 권장된다. 18℃에서 영하 15℃까지 기온에서는 생후 1년 이하의 아이는 모포로 감싸기 전에 대부분 같은 옷을 입힌다. 모포 밑에 입는 이옷은 상의 2장 — 사라사(기하학적 무늬를 날염한 피륙)와 프란넬(방모사로 짠 털이 보풀보풀한 모직물) — 프란넬의 콤비네이션 또는 프란넬 기저귀와 요, 유아의 머리는 보통 사라사 삼각포로 감싼다.

영하 10℃~15℃ 추위의 경우 실외 수면 시간의 산책용으로는 앞에 서술한대로 옷을 입힌 유아를 2장의 모포 —처음에는 프란넬이고 그 위에 면으로 된 것 —로 감싼다. 면이 섞인 모포대신에 면이 섞인 침낭을 사용하면 더욱 좋다. 6개월 이내인 유아의 경우에는 면이 섞인 모포, 혹은 침낭 위에 프란넬 모포로 한 장 더 감싼다. 주위의 기온이 따뜻해짐에 따라 바깥에 입는 옷도 바꾼다. 5℃내지 영하 10℃의 경우에는 유아를 면이 섞인 모포 또는 침낭을 감싸고 그 위에 프란넬 모포를 덧씌운다.

좀더 따뜻하고 기온 5℃～10℃의 경우에는 면이 섞인 모포로 감싸는 것 만으로도 좋고 그 위에 프란넬을 덮지 않는다. 6개월 이상된 아이의 경우에는 프란넬로 된 윗옷을 벗긴다. 기온이 10℃～15℃에서는 프란넬 모포로 감싸는 것만으로 좋고 밑옷은 그대로 둔다. 기온 15℃～22℃에서는 프란넬 윗옷을 벗기고 프란넬 모포로 감싼다. 또, 더 따뜻해지면 모포를 전혀 감싸지 않는다. 기온 25℃에서는 프란넬 모포로 감쌀 뿐인데 기온이 더 높을 경우에는 시트(요 위에 까는 천)로 감싼다. 모포 속에 입는 옷은 사라사 윗옷 한 장까지 점차 얇게 입힌다. 기온이 18℃ 이상에서는 머리를 삼각포로 감싸지 않는다.

앞에 서술한 의복의 구성은 일반적인 것이기 때문에 실제로는 따뜻하고 쾌적한 상태를 보장하는 의복 구성을 택한다. 실외에서 자고 있는 아이를 계속 관찰해 보면 너무 뜨거운 징후가 보일 때(얼굴이 빨갛거나 숨쉬기를 괴로워하거나, 땀을 흘린 경우)는 바깥 모포를 빼거나 느슨하게 유아를 감싸거나 하여 수면을 방해하지 않을 정도로 옷을 적당히 얇게 입힐 수 있다. 차가운 징조(뺨이 새파랗거나 코가 빨갛게 차가워질 경우)가 보일 경우에는 따뜻한 모포로 더 감싸준다.

허약한 아이는 자기의 체온을 유지하는 힘이 약하지만 그것은 신체가 약하기 때문이며 특히 이러한 아이들에게는 신선한 공기가 필요하다. 따라서 허약한 아이는 겨울에는 끓인 물을 담은 통을 같이 감싸서 실외로 나간다. 수온 38℃～40℃의 따뜻한 물은 꽉 채운 고무로 된 끓인 물을 담은 통을 프란넬 모포와 면이 섞인 모포 사이의 유아 발 옆에 둔다. 이러한 간단한 방법은 유아가 빨리 잠들고 깊이 자는 것을 돕는다. 영 · 유아를 감쌀 경우에는 어떤 기후에도 모포나 시트 모서리로 얼굴을 가려 신선한 공기가 들어가는 것을 방해하지 않도록 얼굴을 밖으로 드러낸 채로 두어야 하는 것에 유의해야 한다.

겨울에는 모포의 끝 부분을 유아의 얼굴 주위에 우물 테두리 같은 모양으로 들어올린다. 이렇게 함으로써 얼굴 주위의 신선한 공기는 다소 따뜻해지지만 호흡을 할 때 공기의 교환을 방해받지는 않는다. 실외에서 수면을 취할 경우에 유아의 의복 구성은 나이에 따라 바뀐다. 겨울에는 1~3세아는 사라사 셔츠, 프란넬 상의, 바지, 운동화에 머리띠 또는 사라사 삼각띠를 씌운다. 의복에 혈액의 순환을 구속하는 듯한 딱딱한 고무나 끈이 붙어 있어서는 안 된다. 그리고 나서 프란넬 모포로 느슨하게 감싸고 머리띠가 달린 면이 섞인 침낭에 넣는다. 필요하면(차가운 징후가 나타날 경우) 위에 모포로 한 장 더 감싼다.

날씨가 따뜻해지면 의복을 얇게 입힌다. 즉, 바깥 모포를 벗기고 침낭 밑에 있는 프란넬 모포를 프란넬 기저귀로 바꾼다. 다음에는 프란넬 모포로 감싸고 침낭에 넣지 않는다. 이와 같이 유아의 상태와 날씨 조건을 고려하면서 의복을 점차 얇게 입혀 간다.

겨울에 3~5세 아이를 바깥에서 재울 때는 셔츠, 바지, 프란넬로 된 잠옷, 양말, 실로 짠 모자나 삼각 두건을 씌우고 두건이 붙어 있는 면이 섞인 침낭에 넣는다. 날씨가 따뜻해지게 되면 점차 의복은 얇게 한다. 각 의복을 선택하는데 있어서 주요한 과제는 유아를 쾌적하고 따뜻한 상태로 유지하는 것이다.

의복을 적당히 입혀 두면 후에 옷을 벗겼을 때 유아 신체의 피부를 만져 보면 따뜻하고 적당한 정도로 촉촉하지만 피부와 닿아 있는 속옷은 건조해 있다. 너무 얇은 옷을 입혀 차가워지기 시작하면 유아의 발끝이 차가워진다. 두꺼운 옷을 입혀 너무 뜨거워지면 땀으로 머리카락과 삼각건과 셔츠가 젖게 된다. 이러할 경우에는 즉시 마른 속옷으로 옷을 갈아입혀야 한다. 만약 축축한 속옷을 갈아입히지 않고 그 위에 바로 마른 옷이나 셔츠를 입히면 속옷이 마르는데 증발작용을 일으키기 때문에 아이는 실내 기온이 적당한 경우에도 차갑게 되는 경우가 있다. 간호사나 보육자가 그룹 전체를 돌보고 있는 보육시설이나 유치원 직원은 특히 이러한 것을 마음에 새겨 두는 것이 매우 중요하다.

겨울에 실외에서 수면을 취하게 하기 위해서 또 한 가지 중요한 조건이 있다. 그것은 아이가 자는 매트를 따뜻한 곳에 보관해 두고 아이를 그 위에 재우기 직전에 베란다나 처마 밑에 내놓는 것이다. 매트를 빈 상태로 추운 베란다에 차갑게 두면 자고 있을 때 아이를 차갑게 만드는 경우가 있다.

중간 기후 지대에서는 겨울에 기온이 영하 15℃ 이상이고, 바람이 없을 경우 생후 6개월 이상된 아이에게 실외에서 수면을 취하게 하는 것을 허용한다. 겨울에 산책하러 아이를 데려 나갈 경우의 조건도 마찬가지이다. 좀 더 공기가 건조한 소비에트 북부 지방에서는 산책이나 실외 수면도 좀 더 기온이 낮을 경우에도 실시된다.

4. 산책

공기에 의한 단련은 아이가 산책할 때도 실시된다. 1년 내내 하는 적당한 선택은 이것과 관련해서 매우 큰 의의를 지니고 있다. 응달의 기온이 22℃~25℃의 따뜻한 계절에는 눈을 뜨고 깨어 있을 동안 낮잠도 마찬가지로 주로 바깥 —정원이나 숲 속이나 가능한 바람이 불지 않는 장소 — 에서 보내게 한다.

비가 올 때는 정원의 처마 밑이나 베란다, 이러한 곳이 없을 경우에는 창문을 열어 둔 실내에서 산책을 한다. 또 혼자 걸을 수 없는 어린 아이는 베이비 서클 안이나 나무 그늘의 처마 밑에 직사광선이 쬐이지 않는 건조한 지면(풀 위)에 깐 깔개 위에 놓아 둔다.

아이에게는 완구를 주고 감각기관(시각, 청각, 촉각)이나 운동, 평형기관(앉고, 서고, 돌아눕고, 기어가고, 잡고, 일어나고, 걷고 하는 능력)의 발달을 재촉하는 놀이에 흥미를 일으키게 한다.

산책 시간에는 아이를 소극적으로 내버려 두지 않는 것이 중요하다. 적극적이고 느끼기 쉬운 기분, 동적인 적극성, 음과 언어 반응 - 이러한 것들은 모두 아이의 전체적인 신경조직의 긴장도를 높이고 그와 함께 모든 생명과정의 수준, 신진대사가 높아진다.

그러나 동시에 적극적인 산책 조건을 만들어 내는데 있어서 아이를 과도하게 흥분시키면 빨리 지치게 되고, 식욕을 잃게 하며, 잠을 설치게 하거나, 주의 집중력 —아이의 좋은 교육에 있어서 빠뜨릴 수 없는 성질 — 의 저하를 초래한다는 것도 잊어서는 안 된다.

산책을 시킬 경우에는 각 개인별로 취급하여 생리적인 가능성과 각 아이의 행위의 특수성을 고려하는 것이 매우 중요하다. 걸을 수 있는 아이에게는 산책 시간에 활동적인 놀이와 정적인 놀이를 교대로 하게 해야 한다.

산책 중에는 연령에 맞는 동작을 발달시키는 요소를 포함한 활발한 놀이를 시킨다. 체육 · 신체적인 교육 활동 그 자체도 산책의 한 부분으로서 따뜻한 계절에는 실외에서 실시된다. 산책의 마무리에는 항상 조용한 놀이를 실시한다.

산책 시간에는 어른은 아이의 행위를 지도하고 아이의 의지와 창의성, 자주성과 자기 행위에 대한 책임을 방해하지 않고 반대로 발전을 재촉하면서 아이 연령의 심리적인 특징을 고려해야 한다.

산책 시간의 아이의 의복에 관해서 기억해 둘 필요가 있는 것은 아이는 상쾌하고 따뜻한 상태가 되어야 하는 것이다. 그런데 그것은 한 사람 한 사람의 의복을 잘 선택하여 주는 것에 의해 해결될 수 있다.

산책 시간에는 하루에 3~4번, 단련 목적을 가진 부분적 · 전체적 공기욕을 계통적으로 실시한다. 피부에 작용하는 공기의 작용은 의복에 의해 조정된다. 이 때문에 한 번 또는 몇 번의 산책 시간에 의복은 여러 번 갈아입을 수 있다. 즉, 손이나 발이 일부를 노출하는 것부터 시작하여 며칠 후에는 활발한 유희를 하고 있을 때 셔츠를 벗기고 바지만 입히며, 산책 끝에는 다시 셔츠를 입힌다.

공기욕을 계속하는 시간은 4~분에서부터 시작하여 점차 연장하여 8~10분까지 한다. 여름에는 하루 종일 셔츠 없이 바지만 입은 채로 밖으로 보낼 수 있지만 이 경우는 주변 기온의 급격한 변화에 의한 일정한 단련 요소는 없어진다.

따뜻한 계절에 단련하기에 좋은 방법은 맨발로 걷게 하는 것이다. 이 경우 발의 피부는 공기뿐만 아니라 마루나 지면, 풀에 닿음으로써 작용한다. 물론 상처가 나지 않도록 미리 적당한 방법을 취해야 한다.

추운 계절에는 산책할 때 극히 한정된 피부 표피 — 얼굴, 목의 일부와 손 끝, 또는 호흡기 바깥 쪽 점막 — 가 바깥 공기의 작용을 받는다. 그러나 공기의 작용 범위가 제한되어도 작용의 강도로 보충이 된다. 즉, 작용의 강도는 온도가 내려감에 따라 증대되어 간다.

소비에트의 중간기후 지대에서는 취학전 유아의 산책은 기온이 영하 15℃ 이내의 경우에만 허용이 된다. 특히, 겨울에는 산책 시간에 아이가 돌아다니게 하는 것이 중요하다. 대부분의 경우 동작의 적극성은 아이 의복에서 좌우된다. 겨울 의복은 따뜻하고 부드럽고 통기성이 좋은 섬유로 되어 있어야 한다. 의복의 형태는 아이가 자유롭게 움직일 수 있도록 헐렁하게 여유가 있어야 한다. 또, 동시에 아이의 의복은 우아하고 아름다워야 한다. 그렇게 하면 의복은 미의 교육이 되고, 청초하고 깔끔한 것에 친숙해진다. 이러한 요구 조건에 맞는 것은 안감이 메리야스이고 울로 된 콤비네이션으로 입고 벗기가 간단하다.

아이에게는 속옷(하의)을 입힐 필요는 없다. 아이의 모자로서 제일 좋은 것은 이마, 귀 그리고 부분적으로 목을 감싸고 푹 덮는 모자이다. 콤비네이션(목도리가 달린 모자)의 목 아래를 목도리로 감싼다. 부모들이 가능한 한 옷을 따뜻하게 입히려고 애쓰는 것은 아주 부적당하고 아무런 근거도 없는 것이다. 게다가 재킷(jacket)을 몇 개나 입히고, 바지와 두건을 씌우고 있다. 그 결과 산책을 하는 아이가 겨우 움직일 수 있는 정도이다. 아이에게 있어서는 이러한 상태로 스포츠를 하거나 노는 것은 가능하지 않다. 아이가 옷을 입는 데 많은 시간이 걸리고 아이는 아직 산책도 하기 전에 지쳐 버린다.

겨울 산책을 위해서는 4~5장의 의복(속옷도 포함)으로 아주 충분하다. 예를 들면, 속옷 셔츠와 팬티, 양말, 위에 입을 셔츠와 바지(또는 여아용 원피스), 따뜻한 재킷과 콤비네이션, 또는 콤비네이션 대신에 속옷과 외투, 신을 것은 중요한 의미를 지니고 있다. 따뜻하고 쾌적한 상태가 나타난 것 중의 하나는 아이의 발끝이 따뜻하고 건조한 것이다. 너무 차가우면 발끝이 차가워지고, 너무 따뜻하면 땀으로 축축하고 열이 나게 된다. 겨울 산책용으로는 건조한 청결한 양말, 털이 달린 장화 또는 단화인 오바 슈즈를 신게 한다. 영하 10℃~15℃에서는 아직 단련되어 있지 않은 아이에게는 울로 된 양말을 신게 한다.

산책 후에 실내로 돌아오면 구두를 벗기고 가벼운 슬리퍼나 실내화를 신게 하는 것이 중요하다. 이와 같이 아이가 신는 것을 교체하는 것도 단련 요소의 하나이며, 체내의 체온 조절에 중요한 역할을 수행하고 있는 발끝의 피부 혈관이 일정한 긴장을 유지하는 것을 도운다.

산책을 할 때 아이의 젖은 장갑을 마른 것으로 바꾸는 것은 중요하다. 아이가 젖은 장갑을 끼고 있으면 손가락이 매우 빨리 차가워지게 되고, 더 나아가서는 신체 전체가 차가워지는 원인이 되는 경우가 있다. 주의깊은 엄마는 아이를 데리고 산책을 나갈 때, 아이를 위한 예비용 장갑을 한 켤레 가지고 가는 것을 결코 잊지 않는다. 위생적인 면에서 볼 때 깨끗한 손수건을 가지고 가는 것과 마찬가지로 필요한 일이다. 유아시설에서도 이러한 규칙을 경시하여서는 안 된다.

겨울 산책 시간에 아이들이 적극적으로 돌아다닐 수 있게 하기 위해서 그 구역에 적당한 형태의 설비를 해 두면 좋다. 어른들과 함께 길을 청소하거나 밟아서 다지게 한다. 눈으로 작은 산을 만들고 그 표면에 얼음을 만들기 위해 물을 끼얹어 놓거나 눈으로 된 제방 "성벽"과 눈사람을 만들어 놓는다. 산책을 할 때 아이들이 눈제방이나 눈으로 만든 작은 산에 기어오르고, 함께 놀기도 하고 썰매나 판자나 작은 깔판으로 또는 발로 서서 산에서 미끌어 내려오기도 하면서 눈을 두려워하지 않는 것은 좋은 일이다. 이 경우에 아이가 미끌어 넘어져도 눈이나 의복이 큰 상처를 막아 주기 때문에 걱정할 필요가 없다. 아이는 이러한 적극적인 활동 가운데서 운동 능력이 향상되고 평형감각이 발달하고 반응 속도가 빨라진다.

5. 스키와 스케이트

4～5세아들부터 스키를 시작할 수 있다. 처음 훈련하는 동안은 보통 걷거나 미끌어지는 스키 기술을 완전히 정복하기 위해 스톡은 사용하지 않는다. 이것은 넘어졌을 때 다치는(아이에게 스톡이 꽂힌다) 것을 막기 위한 방법으로서도 의미가 있다.

5～6세아들부터 스케이트를 가르치면 좋다. 스키와 마찬가지로 스케이트를 계속하는 시간은 10～12분에서부터 시작하여 익숙해지게 됨에 따라 점차 30～40분까지로 연장한다. 아이가 적당한 피로를 느끼는 정도가 스키나 스케이트를 그만두는 시간의 기준이 된다. 때때로 아이 자신이 자각하지 못하는 주관적인 피로감 외에 피로의 객관적인 징후도 있다. 즉, 얼굴 홍조, 심장 박동, 숨이 차는 것 등이 그것이다. 이러한 징후는 아이가 3～5분간 조용히 있어도 사라지지 않는다. 이 경우에는 스키나 스케이트를 그만두게 해야 한다. 그렇게

하지 않으면 피로가 지나쳐서 두통이나 식욕 부진을 일으키며 신체의 전체적인 저항력을 약화시켜 그 결과 어떤 병에 걸리기 쉽게 된다.

계통적이고 적당하게 잘 조직된 스케이트나 스키(소비에트 스키는 스키를 신고 평지를 걷는 것이 많다)는 아이들의 전체적인 신체 발육을 크게 증진한다. 저자와 엠 아 민케비취와의 공동 연구에 의하면 취학전 아동이 스키를 신고 걸으면 호흡이 깊어지고, 가스 교환을 위한 조건이 좋아지고, 산화작용이 강해지는 것이 확인되었다. 중추신경조직과 모든 내부기관의 기능이 높아진다. 그 결과 아이의 식욕이 증진되고 먹은 음식은 소화 흡수가 잘 된다. 아이는 빨리 잠자고 수면은 보다 깊고 조용해진다. 아이가 잠에서 깨고 나면 건강하고 명랑한 기분이 되는 경우가 많다.

이와 같이 유효한 생리적인 효과를 주는 것은 적당하게 산책이 실시되고 스키나 스케이트가 계통적으로 실시되는 경우에 한정된다. 산책이나 스포츠가 변칙적으로 실시되면 거꾸로의 결과를 초래하는 경우가 많고, 지나치게 차갑거나 지나치게 피로하여 신체의 저항력을 약화시켜 병에 걸리기 쉬워지게 된다.

산책이 아이의 건강에 가장 유익하게 하기 위해서는 어떻게 실시되어야 하는가? 아이는 산책을 하는 처음에는 조용히 길을 걷고, 주위 자연의 변화나 눈이 내리는 것을 바라보거나 눈을 조금씩만 넣고 인형을 태운 썰매를 끌거나 눈 위에 막대기로 그림을 그리거나 한다.

그리고 아이의 활동이 더욱 적극적이 되어 좁은 길을 청소하거나, 눈으로 여러 가지를 만들거나 눈제방에 기어오르거나 썰매를 끌고 달린다거나 산에서부터 미끄러져 내려오거나 이러한 눈 던지기 놀이를 하기도 한다.

이러한 활발한 운동이 5~10분간 계속되면 다시 조용한 운동으로 전환한다. 그리고 스키나 스케이트는 많은 육체적 긴장을 요구하기 때문에 반드시 예비적인 가벼운 운동 후에 실시한다. 많은 체력을 필요로 하는 활동적인 놀이와 조용한 운동을 교대로 하면 피로를 예방한다.

6. 피로

부모나 보육자들은 취학전 아동이 반드시 자기의 건강 상태를 바르게 자각하고 있지 않다는 것을 항상 고려해야 한다. 그러나 아이의 행동을 관찰해 보면 피로를 느끼기 시작하는 징후를 알아 채릴 수 있다. 숨이 차거나, 홍조를 띠거나 얼굴에 땀을 흘리기도 하고, 운동에서 신체의 평형을 취할 수 없는 등 아이는 자주 넘어지기도 하고, 미끄러져 발을 잘못 내딛거나 발에 걸려 넘어지거나 하게 된다. 만약 정신적으로 불균형하고 흥분하기 쉬운 아이가 피로를 느끼기 시작하면 소리를 지르기도 하고, 목적이 없는 행동을 마구 하거나 다른 아이들에 대해 도전적이 되기조차 한다. 신경작용이 약한 아이와 이와는 반대인 고차 신경활동을 지닌 아이는 피로해지면 점점 활발함이 없어지게 되어 금방 얼어 버리거나 눈 위에 주저앉거나 울기도 한다.

앞에서 서술한 바와 같이 아이가 피로한 징후가 보이면 적극적인 휴식 조건을 만드는 다른 대조적인 형태의 운동으로 전환하는 것이 유효하다. 얼어붙은 아이는 3～5분간 실내에 들어가 손을 따뜻하게 한 후 다시 실외에서의 놀이에 흥미를 갖게 하는 것이 좋다. 건강한 아이에게 소극적인 휴식이나 산책 시간의 완전한 육체적·심리적인 안정은 유익하지 않다.

산책 중 조용한 놀이, 활동적인 놀이, 훈련의 계속 시간은 종합적으로 대개 똑같으면 좋다. 아이에게 평균적인 훈련을 하는 대략 1～2시간 동안의 겨울 산책은 대체로 다음과 같이 실시된다. 조용한 운동 15~20분, 활동적인 놀이와 스포츠 놀이 25～30분, 조용한 놀이 10～15분, 다시 활동적인 놀이 20~25분, 그리고 마지막 단계인 조용한 놀이 20～25분 정도이다.

토지의 조건, 날씨, 각 어린이의 반응에 따라 운동의 계속 시간은 바뀐다. 활동적인 놀이는 조용한 놀이와 2, 3번 교체해서 실시할 수 있다. 기본 원칙 —조용한 운동과 활발한 운동과의 교체, 육체적인 부담을 점차 크게 하고 또, 서서히 그것을 약하게 한다 —을 지키는 것은 중요하다.

조용한 놀이와 활동적인 놀이는 아이의 연령에 맞는 능력의 훈련을 포함해야 한다. 물론 성인이 아이의 자유로운 활동을 재촉해 주는(아이들의 바람직한 창의나 자주성의 표현을 구속하지 않고) 산책은 다소 피곤하게(단, 도를 지나치지 않을 것!) 하는 것임에 틀림이 없다.

적당한 피로는 아이의 인내력을 훈련하고, 육체적·정신적인 발육을 좋게 한다. 여기에서 일반 생물학적 법칙이 작용하여 신체의 움직임과 활동에 수반되는 에너지의 소모는 기준에 맞는 휴식을 취할 때 크게 회복된다. 즉, 신진대사와 종합적인 생활 기능의 수준이 매우 높아지고, 신체의 모든 기능의 발육과 완성, 그 조화로운 상호관계를 돕는다.

피로가 지나치면 필요한 기능의 균형이 파괴되고 휴식이 에너지 소모의 회복을 충분히 확보하지 않았는데 아이가 그 위에 또 다음 운동을 하면 에너지의 새로운 소모를 초래하여, 휴식은 다시 그것을 회복할 수 없는 상태가 되어 점차 신체 에너지의 부족이 중첩되어 신경 조직의 소모를 가져오고, 신체의 전체적인 생활 기능에서 신경 조직의 평형조절 기능이 약해진다. 그러한 결과는 잠을 잘 깨는 아이, 어른들로부터 보호받지 못하고 방치되어 있는 아이에게 자주 발견된다.

4~7세아부터 산책은 하루에 2번, 점심 전과 저녁 전에 실시된다. 각 산책 시간은 1시간 반~2시간으로 한다. 아이는 이러한 방식으로 추운 계절에는 낮잠 시간을 포함하여 하루에 5~6시간 바깥에 있을 수 있다.

영·유아나 3세 미만의 아이를 위해 실시되는 실내에서의 공기욕은 4~7세아의 일과에도 들어가 있다. 첫째로 이 시간은 아침의 위생적 훈련을 한다. 밤잠에서 깬 아이를 침대에서 일으키기 전에 실내를 잘 환기시켜 두고 시트로 아이가 자고 있는 침대의 베개 근처를 미리 보호하고 나서 바람을 통과시키면 좋다. 그리고 나서 창문을 닫고 아이를 깨우고 훈련을 하기 위해 옷을 입힌다.

아이들은 처음에는 소매가 짧은 셔츠에 바지, 슬리퍼 형태로 훈련을 시키지만 며칠 후에는 바지만 입히고 실시한다. 취학 전 유아를 훈련시키는 시간의 실내 기온은 17℃~18℃가 좋다. 훈련은 5~7분간 계속하고, 그 뒤에 얼굴을 씻고 옷을 입힌다.

종합적으로 공기욕은 10～15분간이다. 그 외에 유치원에서는 춤을 추면서 음악 시간과 체조 시간, 활발한 유희 시간에 부분적으로 손과 발만 노출시켜 국소적인 공기욕을 실시한다. 이 때 아이 옷소매를 팔꿈치 위에까지 걷어올리고 양말은 발목까지 내린다.

실내에서 아이의 의복은 겨울에도 너무 지나치게 덥게 하면 안 된다. 보통 의복은 3장 — 의복, 셔츠, 짧은 바지, 바지 멜빵, 양말, 따뜻한 섬유(프란넬, 벨벳, 울직물, 메리야스)로 된 원피스 또는 남아용 윗옷 — 으로 충분하다. 그 위에 보통의 실온(17℃～19℃) 때 아이에게 스키복, 울코트, 삭스, 벨트 구두를 추가하는 것은 허용되지 않는다.

실내 기온이 너무 높은 경우와 마찬가지로 의복이 너무 따뜻하면 신체가 너무 뜨거워져 반사적으로 열방사가 증대한다. 즉, 홍조를 띠거나 땀을 흘리거나, 숨을 헐떡이거나, 맥박이 빨라지거나 한다. 너무 뜨거워지면 심장 움직임이 과중해지고, 체온 조절을 하는 모든 기능의 긴장을 가져다 주는 것 외에 더 좋지 않은 것은 아이가 금방 전신적인 과로에 빠져 땀으로 젖은 피부를 스치는 찬 공기는 부분적으로 몹시 차게 하고 조직의 보호력을 약화시켜 구두염이나 기관의 염증을 일으키는 경우가 있다.

이와 같이 아이에게 끊임없이 두꺼운 옷을 입히고 쓸데없는 참견을 하고 있는 부모들은 계속 아이의 심장에 쓸데없는 부담을 주어 체온 조절 기능은 발육되지 않고 훈련되지 않은 것이 된다.

지금까지 서술한 바를 간단히 개괄하면 아이의 단련을 목적으로 하는 신선한 공기의 이용은 계속할 수 있도록 유의해야 한다. 공기는 열용량과 열전도성이 적기 때문에 공기에 의한 방법(전신 공기욕과 국소 공기욕)은 신체에 부드럽게 작용한다. 이 때문에 다른 종류의 단련에 선행해서 실시되어야 한다. 공기에 의한 단련은 끊임없이 그리고 조직적으로 다음과 같은 방법으로 실행된다.

① 법칙에 맞는 실내 환기 : 추운 계절에는 단시간의 환기를 하루에 5~6회 반복한다. 따뜻한 계절에는 밤낮으로 거의 창문을 열어둔다.

② 실내의 적절한 온도 유지 : 유유아(乳幼兒)를 위해서는 22℃~20℃, 1~3세아에게는 19℃~18℃, 4~7세아에게는 18℃~17℃가 적합하다.

③ 각각의 아이에게 쾌적하고 따뜻함을 유지할 수 있는 적당한 옷의 선택 : 너무 차갑거나 너무 뜨거운 것을 미리 방지할 수 있도록 제때에 옷을 갈아입히는 것이다.

④ 공기욕(전신 혹은 부분적으로 표피를 노출시킨다) : 기저귀를 교환할 때 또는 옷을 갈아 입을 때 3~4분에서 8~10분간 실시한다. 생후 1년 미만 아이의 마사지나 체조, 취학전 아동이 아침 체조를 할 때 또, 음악, 활동적인 유희와 동작의 발육 과업 때는 좀 더 장시간 실시한다.

⑤ 아이가 1년 동안 산책을 적절히 할 것(조용한 운동과 활발한 운동을 교대로 한다) : 아이의 전면적인 신체적 발육을 돕는 여러가지 놀이 환경을 만들어 모든 종류의 운동을 연령에 맞게 실시한다.

⑥ 기후에 관계없이 일년 내내 바깥에서 낮잠을 자게 한다.

CHAPTER 4

물에 의한 단련

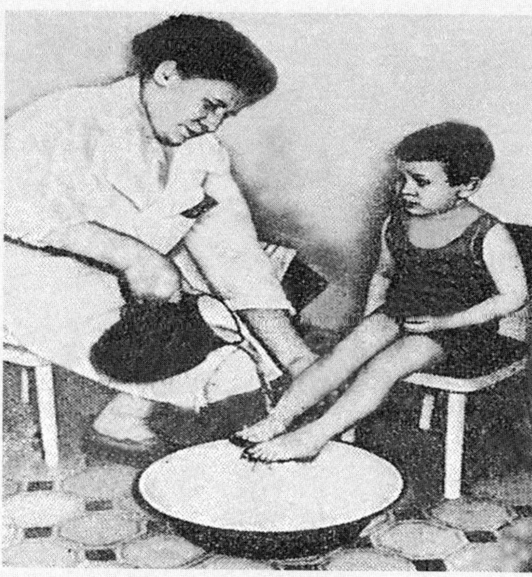

CHAPTER 4

물에 의한 단련

물은 공기에 비하면 열전도성과 열용량이 훨씬 크기 때문에 공기보다 강한 단련의 수단이 된다. 이것은 다음과 같은 간단한 예로 일목요연하게 확인할 수 있다. 기온이 24℃～25℃일 때는 전신 공기욕을 장시간 할 수 있지만 동일한 온도의 물은 전신적인 작용으로서는 단시간의 방법(물을 끼얹다)으로만 이용되며, 장시간의 방법(입욕)으로는 사용되지 않는다.

물에 의한 단련법이 신체에 미치는 생리적 작용의 본질과 기본적인 결과는 공기에 의한 단련의 작용과 같다. 물이 피부 표면에 접촉되면 지각신경말단(감각기관)을 자극한다. 감각기관의 자극 작용으로 생긴 흥분은 신경조직을 통하여 척수의 중추로 전달되어 그 곳에서 반사 반응의 충동이 생긴다. 차가운 물의 영향은 혈관의 긴장과 내강(內腔)의 반사적 변화로 나타난다.

이러한 변화에는 세 가지 연속적인 단계가 감지된다. 제1단계는 피부 혈관의 예민한 경련이다. 혈액은 내부기관을 향하여 흘러들어가고, 피부는 창백해져 차가워지며 최초의 추위가 온다. 이러한 현상은 수 초간 계속된다.

제2단계는 피부 혈관의 확장이다. 혈액은 내부기관에서 바깥으로 향하여 흘러나온다. 따뜻한 느낌이 나타나고, 피부는 장밋빛이 된다. 제2단계는 수 분간 계속된다.

제3단계는 팽창한 피부 모세혈관의 마비 상태(일시적으로 수축 능력을 잃는다)이다. 혈액이 모세혈관에 정체되기 때문에 피부는 푸른빛을 띄고 하얗게 되며, 두 번째 냉기(차가운 기운)가 찾아온다. 제3단계는 체온조절 기능이 불충분한 것을 나타내고 있다. 즉시, 이 단계를 중지하기 위한 방법(마사지, 체조, 너무 차가와서 생기는 유해한 결과를 방지하기 위해 따뜻하게 한다)을 취할 필요가 있다.

물에 의한 방법이 건강에 좋은 작용을 미치는 것은 제1단계와 제2단계를 조건으로 한다. 차가운 물에 의한 계통적인 단련은 제1단계의 시간을 단축하고 빨리 제2단계로 옮겨, 제2단계를 오래 지속하도록 하여 그것이 서서히 쇠퇴하여 제3단계가 일어나게 하지 않는다. 제3단계의 현상을 허용해서는 안 된다. 그것은 단련이 올바르게 실시되지 않을 경우 — 너무 차가운 물을 사용한 경우나, 시간이 너무 긴 경우 — 에 볼 수 있다.

물의 단련 작용은 온도 뿐만 아니라 물에 젖은 피부 표면의 크기와 계속 시간, 수압의 정도에서도 좌우된다. 단련의 일반적 원칙에 따라 물의 자극 작용은 서서히 강해진다. 물에 의한 방법은 자극의 힘이 강해짐에 따라 일정한 순서대로 분류할 수 있다.

가장 적은 자극 작용을 나타내는 것은 단시간의 부분적인 방법이다. 즉, 부분적인 냉수마찰, 부분적으로 냉수를 붓고 그리고 부분적인 목욕으로, 그 경우에는 물이 계속적으로 작용한다.

보다 예민한 영향을 주는 것은 전신적인 방법이고, 단시간 작용하는 것으로는 전신 냉수마찰과 전신 냉수욕, 좀 더 장시간의 방법으로서는 전신 목욕이 있다. 그리고 마지막으로 가장 자극이 강한 것은 샤워, 풀장이나 옥외 저수지에서의 목욕이다. 샤워의 경우에는 온도 요소 이외에 또 물의 많은 흐름이 피부에 압력을 주며 또, 바깥 저수지에서의 목욕의 경우에는 실외 공기의 모든 자극 작용과 합해져 다량의 물의 수압이 작용한다.

물의 자극 작용은 여러 방법과 조합 ―작용이 약한 방법을 작용이 강한 방법으로 바꾸거나 부분적인 방법을 전신적인 방법으로 바꾸기도 하고 물 온도를 바꾸거나 계속하는 시간을 바꾸기도 하는 것 ―에 의해 서서히 강화해 갈 수 있다.

각 아이의 특징과 아이의 단련 전의 상태 또, 작용에 대한 반응 등을 고려하여 여러 가지 조합을 선택한다. 물을 이용하는 모든 위생적인 처치는 바른 방법으로 하면 단련적인 효과도 나타날 수 있다. 그러나 그러한 경우에 특별한 단련은 차가운 물로 하고, 보통 위생상의 세면은 따뜻한 물로 하는 방법으로서는 비슷한 결과를 얻을 수 없다.

특히, 전체의 일과 중에서 특별히 단련에 할당하는 시간을 가장 짧게 하여 계통적인 훈련을 확보하기 위해서는 위생적인 처치를 단련과 조합하는 것이 필요하다. 게다가 위생적 처치와 단련의 결합은 적극적인 심리적 작용을 가지고 있다. 즉, 시간을 내는 것이 아깝고 부자연스럽고 쓸데없는 것이 아니라 어른과 아이에게 생활 규칙 전체에 단련이 필요 불가결한 요소라는 자각을 가지게 한다.

물에 의한 단련은 항상 가장 약한 작용에서부터 시작해야 한다.

즉, 부분적인 냉수마찰 또는 냉수욕에서부터 점차 전신적인 것으로 옮긴다. 또, 동시에 물의 온도를 느낄 수 없는 정도에서부터 시작하여 서서히 내려간다. 시간이 짧고, 작용하는 면적이 좁은만큼 물은 차가워도 좋다.

물에 의한 단련은 보통 실내 기온 속에서 실시한다. 특히, 기온을 높게 해서는 안되지만 절대로 갑작스레 찬바람을 쐬게 해서도 안 된다. 아무리 짧은 시간 동안이라도 젖은 피부에 찬 공기가 작용하는 것은 격렬한 냉기를 불러일으킨다. 실외에서 물에 의한 단련을 하는 더운 여름에도 아이에게는 바람이 통하지 않게 해야 한다.

부분적인 물에 의한 단련법으로서 아침이나 낮잠 후의 세수 — 식사 전, 산책이나 화장실을 다녀온 후의 손씻기, 잠자리에 들기 전의 발씻기, 물로 닦는 일, 물놀이 —를 이용할 수 있다. 보통 이러한 모든 것은 생활 규칙에 따라 동일한 시간에 실시된다. 부분적 방법을 위한 맨 처음의 물 온도는 28℃이며, 얼굴과 발끝 손가락 피부의 온도에 가깝다. 생후 1개월 미만인 아이나 좀 큰 병의 징후가 있는 아이는 맨 처음에는 이처럼 따뜻해진 물을 사용하여 얼굴을 씻고, 부분적인 냉수마찰과 냉수욕(손, 발)을 시작한다.

생후 3개월아, 4개월아는 세수하는 물 온도를 점차 낮추기 시작하여, 5~6일 간격으로 1~2℃를 내린다. 수온은 20℃까지 계속 내리며, 1세아까지는 이 수온으로 세수한다. 생후 1년 미만의 아이에게 다른 부분적인 방법을 실시하는 경우의 수온도 같은 형태로 변화시킨다.

1년 이상의 아이는 보통 따뜻하게 하지 않고 수도꼭지에서 나온 그대로 차가운 물로 세수하고, 손을 씻는다. 수돗물의 온도가 1

0℃～12℃가 될 정도로 심한 추위일 때는 14℃～16℃까지 따뜻하게 해야 한다. 그러나 물에 의한 부분적인 방법을 처음으로 하기 시작하는(냉수마찰, 냉수욕) 때는 항상 최초의 수온은 28℃이어야 한다. 매일 반복할 경우에는 일주일이 지나면 수온을 1～2일 간격으로 1℃～2℃ 내리지만 허약한 아이를 위해서는 4～5일 간격으로 한다. 부분적 방법을 위한 최저 수온은 1세 미만의 아이는 22℃～20℃, 1～3세아는 18～16℃, 그리고 4～7세아는 16℃～14℃이다. 취학 전 유아의 단련에서는 이것보다 차가운 물의 사용은 권장되지 않는다.

다른 종류의 단련과 마찬가지로 물에 의한 단련의 효과는 대부분의 경우 올바른 실행 여하에 달려 있고 "세세"한 하나하나가 큰 의의를 지니고 있다. 그렇기 때문에 한 가지 한 가지의 방법을 어떻게 실시할 것인가에 대해 더욱 상세하게 서술한다. 아이를 돌보는 어른에게 필요한 것은 손은 청결하게 씻고, 손톱은 짧게 깎고, 손등의 손가락 끝 피부는 부드럽고 따뜻하게 해야 한다. 피부가 거칠어지면 와셀린을 바르고, 차가운 손은 따뜻하게 하고, 반드시 보석 반지는 뺀다.

1. 세수

냉수로 닦고, 손을 씻는다. 생후 일주일 미만인 아이의 얼굴 피부는 미지근한 끓인 물로 적신 면수건으로 씻는다. 얼굴이나 손발, 피부가 접히는 신체의 모든 부분에는 와셀린이나 한 번 끓인 해바라기 기름을 발라 둔다.

생후 1개월 반에서 2개월인 신생아와 영 · 유아의 얼굴은 손으로 씻겨 준다. 1년 미만인 아이의 세수인 경우에는 얼굴과 손가락을 씻어 준다. 얼굴을 비누를 사용하지 않고 물로 씻은 후 바로 부드럽고 건조한 타월로 닦아 준다. 생후 1년경이 되면, 세수할 때 목의 피부와 귀의 뒷부분도 씻어 준다. 두 살 이상인 아이가 세수할 때는 목을 함께 씻고, 가슴 윗부분을 손으로 마찰하고 팔목까지 비누로 씻는다.

아침에 세수할 때 3~세의 아이는 적당한 온도의 물로 적신 부드러운 섬유로 된 수건으로, 손과 몸을 허리까지 마찰해 준다. 습포 마찰 후 바로 계속하는 피부의 건포 마찰은 부드럽고 마른 타월로 등, 가슴, 배의 표면을 문지르는 가벼운 마사지를 하면서 실시한다. 세수, 습포 마찰과 건포 마찰은 전체로 2~3분간으로 한다.

2년째 후반에는 손씻는 습관을 익히고, 3년째에는 스스로 얼굴과 손을 씻고 닦는 습관을 익힌다. 그러나 이러한 위생적인 습관을 몸에 완전히 익힐 때까지는 어른의 주의깊은 관찰과 아이에게 적합한 도움을 주는 것이 필요하다.

아동 시설에 종사하는 보육자들은 이러한 보통의 위생적인 방법을 실시함에 있어서 아이들에게 특별한 주의를 기울여야 한다. 만약 아이들이 세수를 하면서 양말이나 속옷에 물을 튀기거나 재킷 소매를 적시거나 하면 옷을 입은 채로 말리기에는 너무 차가운 냉기가 작용하기 때문에 젖은 의복을 바꾸어 주어야 한다.

이러한 규칙을 무시하면 유아시설에서 양육되고 있는 아이가 가정에서 자라고 있는 아이보다도 더 자주 호흡기 염증을 일으키게 될지도 모른다.

2. 부분적인 냉수욕

냉수욕은 수온뿐만 아니라 수압도 자극적인 효과를 지니고 있기 때문에 다소 강한 작용을 미친다. 서서히 수온을 내리면서 계통적으로 다리 끝과 정강이 아랫부분에 물을 부으면 좋은 단련 결과를 가져와 1개월에서 1개월 반 정도 지나면 아이는 주위의 기온이 급격하게 변해도 호흡기 염증을 일으키지 않게 된다.

다리의 피하 혈관망은 신체 전체의 체온 조절에 중요한 역할을 하고 있다. 다리(발끝과 정강이)의 피하 혈관의 긴장도 및 내강(內腔)의 크기와 코 및 기관 호흡기 점막에 있는 혈관 사이에는 반사적인 연결이 되도록 되어 있다. 이 반사적인 연결은 분명히 단련되어 있지 않은 사람의 발이 몹시 차가워지면 코감기에 걸리는 것을 설명해 준다. 발에 찬물을 적시는 단련법은 잠자기 전에 발을 씻는 위생상의 방법과 조합할 수 있다.

어릴 때부터 아이에게 단련과 함께 좋은 위생적 습관을 형성한다. 이러한 생각을 토대로 하여, 아이를 침대에 재우기 직전에 발에 물을 적시는 것은 매우 효과적이라고 생각된다. 그러나 단련에 있어서 냉수욕 시각은 그다지 중요한 의의를 지니고 있는 것이 아니고 다만 매일 같은 조건에서 같은 시간에 반복되는 것이 바람직하다(시간과 상황에 조건반사의 형성을 돕는다).

단련을 하기 전의 발의 피부의 온도는 더욱더 중요한 의의를 지니고 있다. 발 피부의 온도는 정상적인 상태에서는 29℃~30℃이며, 이 경우 아이는 발이 차다고 느끼지 않고, 만져 보면 따뜻하다.

이 경우에 찬물을 쏟으면 단련의 근본이 되는 신체의 반사 반응을 불러일으킨다. 그러나 실내온도 상태가 좋지 않고, 실내 바닥의 마루가 차갑거나 문 아래 틈 사이에서 찬 공기가 들어오거나 혹은 또 아이가 어른이 모르는 사이에 젖은 양말로 돌아다니거나 하면 아이의 발을 차게 하는 원인이 되는 수가 있다.

우리들의 연구에서 발에 찬물을 적시는 것은 몸 전체의 혈관망의 긴장력을 높인다는 것이 분명해지게 되었다. 발끝 피부의 온도가 수온보다 몇 도 높은 경우에는 맥박이 증가하고 폐(허파)의 공기 교환이 왕성해진다. 발끝 피부의 온도와 수온의 차이가 근소하거나 전혀 없는 경우에는 생리적 기능이 아주 조금밖에 변화하지 않는다. 여기에서 다음과 같은 실제적인 결론이 도출된다. 즉, 차가운 발에 찬물을 마구 끼얹으면 단련에서 빠뜨릴 수 없는 종합적인 반사작용을 일으키지 않는다.

이와 같은 경우에는 적당한 방법으로 아이 발을 따뜻하게 하고(족탕을 사용하게 하거나 발 근처에 끓는 물을 담은 통을 놓거나 테레핀 연고로 마찰하거나 울로 된 양말을 신게 하거나 한다.) 그리고 나서 침대에 재워야만 한다. 발을 따뜻하게 하면 아이가 빨리 잠이 들게 하는 것을 도와 준다. 발을 차게 하게 하는 원인을 제거하는 것도 필요하다. 이와 같은 경우 찬물을 끼얹는 단련은 잠을 잔 뒤에 아이를 깨울 때에 실시할 수 있다.

물을 끼얹을 때는 발끝이나 정강이 하부이거나 간에 물을 끼얹는 부분이 전부 일제히 젖도록 물을 뿌리거나 물병을 사용한다(그림

4－1). 물을 넣은 용기는 신체 가까이(4～5cm)에 가져간다.

1회에 1/2～1/3리터의 적당한 온도의 물을 사용한다. 물을 뿌리는 것은 15～20초로 한다. 물을 끼얹은 뒤에는 바로 부드러운 타월로 완전히 마를 때까지 아이 발을 문지르듯이 마사지를 하며 닦는다. 전체로 2～3분간 단련이 바르게 행해지면 피부는 장밋빛 색이 된다. 그 후 침대에 눕히거나(만약 잠을 잔 후에 물을 끼얹었다면) 양말을 신긴다.

유아시설 중에는 시간 때문에 직접 침실에서 유아의 발을 냉수욕시키는 곳도 있다. 잠을 잘 준비를 한 유아는 발을 아래로 내려 침대에 앉힌다.

그림 4－1

보육자는 2개의 양동이를 사용하여, 한 양동이 위에 유아의 발을 내밀고 적온의 물을 넣은 또 다른 한 양동이에서 물뿌리개로 물을 떠서, 유아의 발에 끼얹는다. 그리고 나서 먼저 준비해 둔 한 사람 한 사람의 유아용 타월로 재빨리 닦고 모포로 감싼 다음 유아의 침대로 옮긴다. 이 경우 한 유아에게 필요한 시간은 1분을 넘기지 않는다.

그룹 전체의 유아를 눕히고 나서 환기를 위해 창을 열고, 침실 온도를 15℃~16℃까지 내린다. 여름에 산책을 한 후에 자주 그런 것처럼 유아의 발이 더럽혀져 있으면 스폰지에 비누를 묻혀서 따뜻한 물로 씻고, 그 후에 찬물을 끼얹는다.

3. 부분적인 수욕

게 엔 스페란스키가 추천하고 있는 것처럼 발에 냉수를 끼얹는 대신 2~3분간 발 냉수욕(대야 안에 발을 들여 놓는다)을 해도 좋다. 물의 온도는 냉수를 끼얹는 경우와 마찬가지로 변화시킨다. 취학 전 아동시설에서 양육하는 경우에는 한 그룹에 많은 유아가 있기 때문에 시간을 매우 많이 빼앗기고 물이 담긴 청결한 대야를 유아 한 사람 한 사람을 위해 준비해야 하기 때문에 이 방법은 그다지 적합하지 않다. 보통 이 단련법은 가정에서 이용된다.

물놀이도 손의 수욕으로 간주할 수 있다. 물놀이는 15~20분간이 되도록 유의하고, 수온은 28℃로 하는 것이(놀고 있는 동안 다소 내린다) 중요하다.

4. 물에 의한 전신 단련법

이 방법이 부분적인 것에 비하여 보다 강한 자극 작용을 나타내는 것은 우선 그 작용이 미치는 면적이 크기로 설명된다. 즉, 전신적인 방법에서 물은 머리 이외 전신의 표피에 한꺼번에 접촉된다. 그리고, 전신의 경우에 물은 보통 숨겨져 있는 부분 ─ 가슴이나 배라던가 그 내부에 강한 열 생산기관(간장, 심장, 신장)이 있는 부분이기 때문에 표피의 온도가 보다 높다 ─ 에 끼얹게 되는 것이다.

특수 연구에 의해 가슴 피부의 온도로서 쾌적하고 따뜻한 상태는 신생아는 똑같이 35℃, 취학전 유아는 34℃~34.5℃인 것이 확인되었다. 피부와 물의 온도 차이가 근소하면 물의 자극 작용은 적시는 것과 압력만으로 한정된다.

매일 실시할 경우에는 2~3주간 안에 수온을 점차 내려 2~3일 간격으로 1~2℃씩 28℃까지로 하고, 생후 1년까지 동안은 계속 그 온도로 한다. 만약, 전신 단련법을 취학전 유아에게 처음 실시할 경우에는 최초의 수온은 34℃~33℃로 하고, 2~3주간 동안에(매일 실시할 경우) 점차 온도를 내려, 겨울에는 26℃, 여름에는 24℃까지 내린다.

물에 의한 전신 단련법은 소화작용을 혼란스럽게 하기 때문에 식후에 곧바로 하는 것은 권장하지 않는다. 전신 수욕, 입욕 등은 식후 30분~40분 이상 지난 후 실시하는 것이 좋다.

5. 전신 냉수마찰

부분 냉수마찰과 마찬가지로 전신 냉수마찰도 적당한 온도와 물로 적신 부드러운 섬유로 된 장갑으로 실시한다. 손발은 손가락에서부터 몸통 쪽으로 향하여 피부를 가볍게 마사지 한다. 이것은 정맥과 모세관 내의 혈액이 정체하는 것을 피하게 한다. 전신 냉수마찰은 다음과 같은 순서로 한다. 우선 맨 처음에 손, 다음에 발, 가슴, 복부 등을 마찰한다. 냉수마찰 그 자체는 1～2분간 실시하고 그 후 바로 건조한 부드러운 타월로 가볍게 마사지를 하면서 피부가 장밋빛을 띨 때까지 닦는다. 이것도 1～2분간 실시한다.

유아시설에서 냉수마찰을 실시할 경우에는 반드시 유아 한 사람 한 사람에게 미리 소독한 부드러운 섬유제의 각각의 장갑을 사용해야 한다. 유아 그룹에 냉수마찰을 할 때에는 시간을 절약하기 위해 다음과 같이 한다. 유아 수만큼 소독한 장갑을 넣은 대야에 적당한 온도의 물을 붓는다. 유아들이 세면실에서 옷을 벗고 보육자가 있는 곳으로 가면 보육자는 대야에서 장갑을 집어 유아를 마찰한다. 그 이외의 어른 ― 보육자나 간호원 ― 은 바로 그 유아를 각각 타월로 닦는다. 그리고 나서 옷을 입힌다.

단, 어른 한 사람이 할 때는 의복을 벗은 유아가 각각 타월을 가지고 어른이 있는 곳으로 가서 냉수마찰을 한 후 마를 때까지 스스로 닦는다. 유치원의 교사와 보육자가 냉수마찰을 마무리하는 시간을 경제적으로 하고자 하여 처음에 여러 명의 유아를 계속해서 냉수마찰을 하고 난 후에 마를 때까지 유아들을 닦은 예가 있었는데 이 경우에 몸이 젖은 유아가 자기가 몸을 닦을 순서가 올 때까지 잠시 기다리고 있었기 때문에 그 중 몇 명이 감기에 걸린 경우가 있었다. 그룹 가운데 유아 전원이 같은 온도의 물로 냉수마찰을 하는 것이 아닌 경우에는 온도가 높은 물을 필요로 하는 아이부터 먼저 실시한다.

허약한 아동이나 병이 든 아이들의 전신 냉수마찰은 맨 처음에는 부분적으로 실시한다. 즉, 처음에 손을 냉수마찰하고 곧바로 손이 마를 때까지 닦고, 그 후 같은 방법으로 순서대로 다리, 가슴, 복부 등을 냉수마찰한다. 이 방법으로 여러 번(5~6회) 하고 나서 한꺼번에 전신을 마찰하는 냉수마찰로 바꾼다.

6. 전신 냉수욕

필요한 온도의 물을 물주전자나 물뿌리개에 준비한다. 물을 끼얹을 때는 용기를 아이의 신체에서 6~8cm 이상 떨어지지 않게 하여 어깨, 가슴, 등에 물을 끼얹는다. 머리에 물을 끼얹는 일은 권장되지 않고, 더운 날에만 허용된다.

물을 끼얹을 때 아이는 몸씻는 곳 위의 툇마루에 세우는 것이 가장 좋다. 그렇게 할 수 없는 경우에는 아이를 세수대야나 목욕통 안에 둔다. 냉수를 끼얹는 시간은 20~30초로 한다. 물을 끼얹으면 바로 마른 타월로 피부를 가볍게 마사지하면서 연한 장밋빛이 될 때까지 닦는다. 냉수욕의 과정은 전체 2~3분이다.

7. 전신 샤워

물을 샤워로 끼얹을 경우에는 물줄기 하나하나가 모인 세세한 물줄기의 압력에 의해 물의 작용이 강해진다. 샤워기의 분무구는 아이의 어깨로부터 50cm 정도 위에 있게 쥔다(그림 4 – 2).

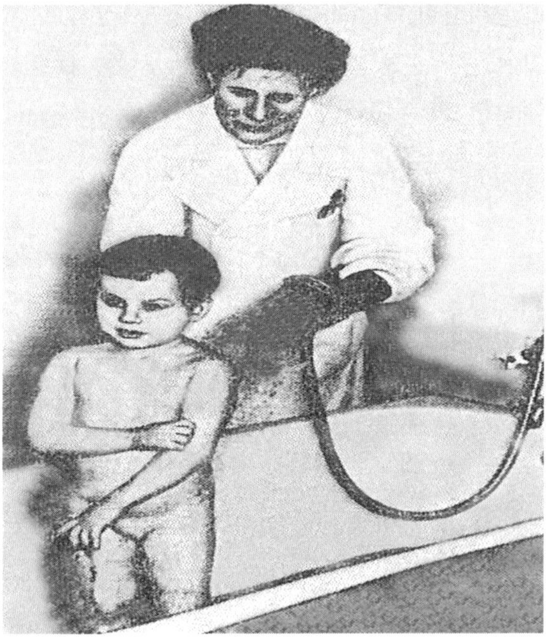

그림 4 – 2

아이의 머리에는 미리 준비한 고무 모자를 씌워 둔다. 아이는 샤워기 아래에 30～40초간 세워둔 후 빨리 마른 타월로 닦는다.

유아시설에서는 다음과 같은 방법으로 실시한다. 앞 아이가 마를 때까지 완전히 닦으면 바로 즉시 다음 아이가 샤워기 아래 선다. 아이를 돌보는 어른들은 반드시 샤워를 끼얹기 직전에 물의 온도를 재는 것을 기억해야 한다. 따뜻한 물과 차가운 물의 조절기는 항상 똑같다고 할 수 없기 때문이다. 온도계는 분무구 아래에 두는 것이 가장 좋다.

아이의 생리적 기능에 미치는 샤워의 영향을 연구하고 있을 때 흘러나오는 물의 온도가 갑자기 심하게 바뀌는 것을 새삼 알게 되었다. 만약에 적당하게 조절하지 않으면 연속해서 샤워기 아래에 선 아이 가운데는 갑자기 너무 뜨겁거나 너무 차가운 샤워를 하는 경우가 있다. 그리고 그것은 훈련의 리듬을 깨뜨린다는 점에서도 바람직스럽지 않다. 즉, 이와 같은 단련에 있어서 서서히 자극을 강화해 간다는 법칙이 지켜지지 않는다. 이와 같은 잘못은 단련의 효과를 약하게 하는 원인이 되는 경우가 있고, 자주 반복되면 나쁜 결과마저 초래하는 경우가 있다.

8. 전신 입욕

위생상으로 정기적으로 실시하는 입욕은 일반적으로 건강에 좋다는 것 이외에 단련에 이용할 수 있다. 생후 6개월 때로는 1년까지의 유아는 위생상 매일 반드시 입욕시켜야 한다. 대략 어른의 두 배에 미치는 전체적인 신진대사의 격렬함은 그것에 상응하는 대사 산출물을 낳고 그것은 곧바로 신체로부터 제거된다. 만약 어떤 원인으로

대사에 의한 산출물을 없애는 것이 지체되면 신체에 중독을 일으킨다. 주된 배제기관은 신장과 피부 표면이다. 땀샘 활동의 산물은 그 화학구성이 이뇨에 가깝다는 사실은 잘 알려져 있다. 아이로서는 대사에 의한 산물을 신체에서부터 제거하는 데 있어서의 피부의 역할은 어른보다도 훨씬 크다.

1세에서부터 2세까지의 아이는 격일로, 2세 이상에서 취학 시기까지의 아이는 1주에 2회 입욕시킨다. 입욕시의 수온은 일정하게 유지하고, 입욕 시간의 길이와 입욕을 반복함에 따라 온도를 내리지는 않는다. 생후 1년 미만인 아이가 입욕할 때의 수온은 37℃~36℃로 하고, 입욕 시간은 5분으로 한다. 1년 이상된 아이가 입욕할 때의 수온은 36℃~35℃이며, 시간은 10분으로 한다. 목욕물의 양은 아이가 앉았을 때 가슴까지 되어야 한다.

비누로 씻는가 아닌가에 관계없이 입욕의 마무리 때는 반드시 목욕물보다 2℃ 정도 낮은 물을 끼얹는다. 이러한 근소한 온도 차이는 단련의 기초가 되는 몇 가지 반사 반응을 일으킨다. 위생상 매일 입욕을 할 때 아이는 5~6일에 1번 정도 스펀지에 비누로 씻는다. 입욕을 올바르게 실시하는 것은 커다란 의의가 있다. 실내의 공기를 특별히 따뜻하게 할 필요는 없다.

입욕을 하는 동안과 그 후에 옷을 갈아입을 때에 틈새로 바람이 들어오지 않게 하는 것만은 매우 중요하다. 입욕 후에 아이에게 입힐 깨끗한 속옷과 닦기 위한 부드러운 타월을 미리 준비해 둔다. 어린 아이는 프란넬 모포나 타월로 두 겹에서 네 겹으로 덮은 책상 위에서 닦거나 의복을 입히거나 한다. 목욕물의 수온은 아이의 옷을 벗기기 전에 적당한 온도로 준비해 둔다. 실패하지 않게 처음에 냉수를 넣고 난 후에 뜨거운 물을 붓는다. 이것은 젊은 부모나 보육자들이 꼭 터득해야 할 법칙이다.

물을 넣은 욕조는 마루바닥이나 그 외 열을 가하지 않은 받침대에 흔들리지 않게 설치해야 한다. 부모들은 욕조의 수온이 차가워지지 않도록 아이의 목욕용 욕조를 미리 충분히 따뜻하게 한 후에도 계속 따뜻한 스토브 위에 둔 경우가 있었다. 이 경우에 부모들은 금속의 열전도율이 물의 열전도율보다 훨씬 크다는 사실을 생각하지 않았던 것이다.

욕조의 금속성 밑바닥은 금방 뜨거워져 그 속에 앉아 있던 아이는 화상을 입는다. 어린 아이를 목욕시킬 때는 욕조 밑바닥에 부드러운 기저귀나 타월을 비치해 둔다. 아이가 아직 앉을 수가 없으면 욕탕을 사용하게 하는 어른의 팔 등으로 아이 머리를 받치는 것처럼 아이의 등을 왼손으로 잡는다. 스펀지나 부드러운 천을 사용하여 오른손으로 아이의 얼굴과 몸의 앞부분을 씻는다. 그 다음에 비누가 눈에 들어가지 않도록 머리 부분을 씻는다. 비누는 이마에서부터 머리 뒷부분 쪽으로 손을 움직이며 씻어낸다. 비누가 깨끗이 씻어지면 바로 아이 배를 아래로 향하게 하여 몸의 뒷부분을 씻는다. 그 후에 욕조의 수온보다 2℃ 낮게 미리 준비해 둔 따뜻한 물을 끼얹는다.

좀 더 큰 아이는 장난감을 갖고 놀게 하면서 앉혀서 목욕을 시킨다. 아이에게 입욕은 만족과 기쁨을 주고, 기분이 좋게 하는 것이 중요하다. 아이를 입욕시키는 것은 항상 하루 중 같은 시간 —밤에 잠을 자기 전 —에 하는 것이 바람직하다. 특히, 흥분하기 쉬운 아이에게는 입욕이 많은 아이들에게 진정 작용을 하는 것에 주목하여 잠자리에 들기 전에 입욕을 시키는 것이 합리적이다. 그러나 역반응의 가능성 —아이에 따라서는 입욕으로 흥분하고, 입욕 후에는 잠이 잘 안드는 경우가 있다 — 도 있다는 것도 생각해야 한다. 이러한 경우에는 입욕을 샤워로 바꾼다.

위생적인 목적으로 샤워를 할 때는 시간을 오래 하고, 샤워를 하는 횟수가 거듭되어도 수온은 내리지 않는다. 수온 36℃의 샤워기 아래에서 아이를 씻고 그 후 2℃ 낮은 34℃로 샤워를 시킨다(전신 입욕의 경우와 동일함).

활발하지 않고 소극적인 아이는 안정을 시키는 방법이 아니라 기운을 북돋우는 방법을 이용한다. 이러한 아이들에게는 단련만을 목적으로 하는 입욕(즉, 스폰지나 비누를 사용하지 않는다) 대신에 수면을 취한 뒤에 전신 입욕이나 샤워를 하게 하여 전신 근육의 긴장을 높이고 아이를 활기차고 즐거운 기분이 들게 한다.

9. 실외 수조에서의 수욕

실외의 수조에서의 수욕은 미리 공기에 의한 단련과 부분적, 전신적인 물에 의한 단련을 실시하여 그것이 습관이 되어 계통적으로 계속하고 있는 3세에서 4세 이상의 아이에게 허용된다.

실외의 수조에서 하는 수욕은 3가지 요소 —신선한 공기, 많은 양의 물의 수압, 태양의 조사가 전신의 표피에 작용하는 것 — 가 동시에 작용하기 때문에 가장 강한 작용을 가진 방법이다.

아이의 수욕을 위한 저수지는 바닥이 모래이고, 평평하며 경사가 가볍고 청결해야 한다. 아이의 수욕장은 선반으로 둘러싸 놓는다.

수욕장이 강이라면 약한 물결, 바다라면 조용해야 한다. 아이가 수욕을 하는 물의 가장 깊은 부분은 허리 이상이 되어서는 안 된다. 취학 전 아동의 수욕은 기온이 25℃ 이상이고 바람이 없는 날로서 수온은 23℃로 내려가지 않을 때 하루에 1번 허용된다. 잘 단련이 된 6~7세아는 매일 정기적으로 수욕을 할 때 시간을 짧게 하면 좀더 차가운 물에서 수욕을 해도 좋다. 물에 들어가기 전에 아이에게 나무 그늘에서 8~10분 정도 공기욕을 시킨다. 물 속에서는 움직이게 하고 물을 튀기고 놀게 한다.

수욕은 시간은 3분간에서부터 시작하여 서서히 연장하여 5~8분까지 한다. 6~7세아도 10~15분까지 한다. 수욕 시간에는 아이들을 주의깊게 관찰해야 한다. 차가운 첫 징후(입술이 창백해진다, 닭살)가 나타나면 즉시 수욕을 그만두게 하고, 피부가 장밋빛을 띨 때까지 마사지를 하면서 완전히 닦고 의복을 입힌다. 유아시설에서 10~12인의 유아들을 그룹으로 수욕시키는 경우에는 보육자가 한 사람은 유아들과 함께 물에 들어가고, 한 사람은 물가에서 관찰하고 있어야 한다.

4~5세부터는 아이에게 수영을 가르쳐도 좋다. 아이의 의지에 반해 수영을 강요하거나 물 안에 들여 놓는 것은 바람직하지 않다. 아이들이 활기차고 즐거운 기분으로 놀게 하면서 가르치는 것이 좋다. 어른들은 아이의 수영 교육의 일반적인 방침이나 방법을 미리 알아 두어야 한다.

물은 단련의 수단으로서 피부 표면뿐만 아니라 구강과 구강의 점막에도 작용한다. 식사 후에 매일 실온 정도의 뜨거운 물을 식혀서 규칙적으로 실시하는 간단한 입 헹굼은 치아와 구강의 질병을 예방하는 훌륭한 수단이다. 3~4세아에게는 양치질 습관을 익힐 수가 있다. 물은 음식물 찌꺼기를 씻어내는 것 외에 점막에 있는 감각기를 자극하여 반사적으로 단 시간 타액선의 활동을 활발하게 한다. 충분히 분비된 타액은 타액관을 세척하고 그것에 의해 전염병독이 쌓이는 것을 방지한다.

4~5세아에게는 양치질과 함께 인후의 양치 습관을 익힌다. 매일 아침 일어났을 때와 밤에 잠자리에 들기 전에 실온 정도의 청결한 뜨거운 물을 차갑게 해서 하는 인후 양치는 후두염이나 편도선과 아데노이드의 비대를 예방하는 매우 효과적인 방법이다. 대체로 양치할 때마다 1/2~1/3 컵의 물을 사용하고 인후에서 물을 "가글가글하는" 것은 가능한 오랫동안 계속한다. 이를 위해 입에 물을 넣기 전에 깊이 숨을 들어마시고 그리고 나서 물이 후두 부분으로 가도록 머리를 뒤로 젖혀 입에서부터 천천히 길게 숨을 내뱉는다. 가글을 하기 쉽도록 "아-아-아" 하고 목소리를 길게 한다. 이 방법은 단련작용과 후두염 예방 외에 호흡 운동을 하여 허파의 발육을 돕는다.

양치 때의 물은 편도선의 마사지 작용을 하여 편도선 주름에서 점액을 씻어내고, 혈관 내공의 반사적인 변화를 일으킨다. 이러한 것은 모두 인후의 염증과 점막의 비대를 예방한다.

마지막으로 물에 의한 단련에 대해 기본적인 원칙을 몇 가지 서술할 수 있다. 물을 사용하는 위생상의 처치는 그것에 상응하는 법칙을 지키며 실시하면 단련 작용도 나타낼 수 있다.

① 물의 단련법은 아이의 특질과 연령을 고려해서 선택할 것.
② 작용이 약한 방법에서부터 시작하여 점차 작용이 강한 것으로

옮길 것.

③ 수온은 아이의 연령과 상태를 고려하고 그 방법의 성격과 환경에 따라 서서히 내린다.

④ 단련법은 계통적으로 예를 들면, 하루 중에 동일한 시간에 실시한다.

⑤ 단련 중에는 아이가 즐거운 기분을 갖도록 유의한다.

국부적인 단련법으로는 얼굴을 씻는 일, 닦는 일, 손을 씻는 일, 발을 씻거나 물을 끼얹는 일, 물놀이를 이용할 수 있다. 국부적인 방법의 경우에는 전신적인 방법보다도 차가운 물이 사용된다.

전신 단련법으로서는 전신 냉수마찰, 냉수욕, 샤워 또는 위생상 입욕이고, 마지막으로 욕조의 물보다 2℃ 낮은 수온의 물을 끼얹는 것이 이용된다. 실외 저수지에서의 수욕은 가장 강한 작용을 가진다.

공기에 의한 단련과 물에 의한 단련을 조합하면 결합적으로 작용하여 유익하다(공기욕을 한 후 이어서 물에 의한 방법을 실시한다). 의복을 갈아입힐 때 유유아(乳幼兒)의 공기욕을 3～5분간 실시하고, 그 후 이어서 물에 의한 방법 — 냉수마찰, 세면 또는 적당한 온도의 물을 끼얹기 — 을 실시할 수 있다. 물에 의한 국부적 또는 전신적인 방법에 이어서 마사지나 체조를 하는 것도 한층 더 유익하다.

좀 더 큰 아이는 아침 체조 후 얼굴을 씻고 냉수마찰을 한다. 너무 어른스럽다든지 굼뜬 아이는 전신 수욕 또는 샤워가 좋다. 단, 물에 대한 단련법은 작용이 약한 것 — 냉수마찰 — 에서부터 시작하여 점차 냉수욕 그리고 다음에 샤워로 옮겨간다.

여름에는 산책 후에 반드시 물의 전신적인 방법(냉수마찰과 세면, 냉수욕 또는 샤워)을 실시한다. 아동시설에서는 추운 계절에는 산책 후의 전신 수욕 또는 샤워를 국부적인 방법의 세면으로 대신해도 좋다. 그룹 아이들의 옷 갈아입기나 의복 챙기기에도 많은 시간을 빼앗기 때문이다.

추운 계절에 물에 의한 단련법과 공기에 의한 단련법을 항상 계속해서 실시할 필요가 있다. 처음에 공기욕 또는 산책, 그리고 바로 이어 물에 의한 단련법을 실시하면 이것을 실시하는 것은 도움이 되지 않는다. 물을 사용한 후에는 마른 타월로 충분히 열심히 닦아도 피부 표면은 수분을 발산하며, 그 때문에 물을 사용하기 이전보다도 많은 열을 빼앗기기 때문이다.

어떤 어린이집에서는 아이들이 일년 내내 산책 후에 샤워를 하고, 그 후 소매가 없는 셔츠와 바지에 슬리퍼만으로 점심을 먹고(점심식사 시간은 공기욕으로 이용되고 있었다), 점심 식사 후 낮잠을 자게 하고 있었다. 이것은 따뜻한 계절이라면 합리적이다. 그렇지만 날씨가 추워지게 되면 아이들이 샤워 후에 너무 얇게 입었기때문에 점심식사 후에 몸이 차가워진다. 공기욕이나 산책도 물을 사용한 후 바로 실시할 수 있는 것은 여름철의 더운 날만으로 한정된다. 추울 때는 물을 사용한 후 아이에게 계절에 맞는 옷을 입힌다.

CHAPTER

5

태양광선에 의한 단련

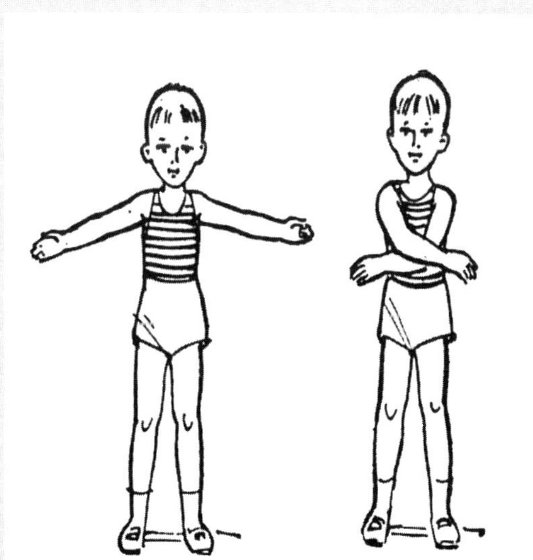

CHAPTER 5

태양광선에 의한 단련

단련을 위한 다른 자연 요소에 비하여 태양광선이 신체에 미치는 생리적 작용은 가장 강하다. 태양 빛이 파장과 주파수가 다른 여러 가지의 광선으로 이루어져 있다는 것은 이미 알고 있는 대로이다. 스펙트럼의 적외선은 그 물리적 특성에 의해 피부와 피하세포에 깊이 침두하고, 열작용에 의해 조직을 따뜻하게 한다. 그 때문에 적외선은 그대로 "열선"이라 불린다. 열선의 영향으로 피부 표면의 신경말단이 자극받아 반사적으로 피부 혈관이 팽창한다. 동시에 내부기관의 혈관은 수축하고, 그에 따라 신체 내의 혈액 교환 — 내부기관에서부터 외피로 향하여 혈액이 흐른다 — 이 일어난다.

햇빛이 비치고 있는 동안에 피부는 빨갛게 뜨거워져 간다. 햇빛이 비치는 것을 중지한 후 피부는 다시 꽤 급속하게 평상시의 색과 온도로 되돌아간다. 또, 반사적으로 혈액도 원래의 상태로 돌아간다. 적외선은 자외선의 작용을 강하게 한다. 파장이 짧은 자외선은 피부 표층에서 흡수되어 심층부의 조직에는 침투하지 않는다. 비교적 큰 자외선의 에너지는 세포에 화학 변화를 일으키고 그 결과 세포의 단백질 구성이 변화하여 세포막의 삼투성을 높이고 색소 물질을 형성시키는 여러 가지 단백질이 만들어진다.

자외선에 노출되어서는 바로 즉시 피부가 빨갛게(빨간 점) 되지는 않는다. 이 때문에 "차가운 광선"이라고 불리는데 노출 후 6~8시간 지나서 뚜렷한 빨간 점(홍반) 피부 부분에는 색소 침전 — 햇빛에 타서 검게 됨 — 이 남는다.

자외선 방사에 대한 피부 표면의 감수성은 신체의 표층부분 모두가 똑같지는 않다. 신체를 둘러싸고 있는 부분 — 등과 배 — 에서 피부는 태양 방사선에 대하여 감수성이 예민하지만 한편 목, 손가락, 발 등 쪽에는 감수성이 둔감하다. 노출의 조건 — 계절, 하루 중의 시간, 방사의 강도 — 또한 중요하다. 봄에는 노출의 영향으로 피부가 빨갛게 되는 것이 빠르고 가을에는 훨씬 늦다.

자외선 노출의 작용으로 세포에서는 복잡한 물리적 · 화학적 · 생물학적인 작용이 일어난다. 구루병에 대한 자외선의 저항 작용은 잘 알려져 있고, 직접 신체 내에 비타민D의 형성을 돕는다. 피부에 형성된 비타민D의 작용으로 혈액 속의 인과 칼슘의 균형이 정상화되고, 골화(骨化) 과정과 뼈의 칼슘염 축적이 조정된다.

상처가 난 피부에 태양광선을 쬐면 표피의 증식을 늘림으로써 그것에 의해 상처가 빨리 치유된다. 아 베 라푸마노프의 특별한 연구에 의해 빛을 쬔 피부 부분의 국부적인 변화 외에 자외선의 작용은 내부의 모든 기관과 점막 내에도 피부 표층과 동일한 반사작용을 나타내는 것이 확인되었다.

그 외 자외선의 작용으로 피부에 형성되고, 혈액 속에 들어 있는 여러 가지 생물학적인 활성 물질의 작용에 따라 내부의 모든 기관의 기능이 변화한다. 이러한 물질들은 기관과 조직 내에서의 교환과정의 활동을 재촉하고, 많은 감각기관 외피(外皮)와 내부의 모든 기관에 있는 신경 말단을 자극하여 척추와 대뇌의 신경중추를 흥분시킨다. 그 결과 호흡 횟수와 호흡의 심도가 바뀌고, 폐(허파)의 공기교환이 늘어나 혈관망의 내강(內腔)과 동맥 혈압이 변화한다.

신경조직에 미치는 자외선의 영향은 고차 신경활동 반응의 변화에서 나타난다. 사람들 각각이 다른 조사량(照射量)에 따라서 체온을 일정하게 유지하려고 하는 무조건 및 조건반사 작용이 활발해지게 되거나 저조해지게 되는 것을 볼 수 있다. 대뇌피질이 민감해지면 반사 반응이 빨라지고, 신경작용이 활발해지고 그리하여 감각기관의 지각이 좋아진다(시각과 청각이 예민해진다).

태양광선(즉, 자외선, 가시광선, 적외선)으로 준비되어 있지 않고 단련되어 있지 않은 신체에 다량으로 작용하면 신체의 정상적인 활동을 어지럽혀 저항력을 약화시키고 그 결과 여러 가지 질병에 걸리기 쉽게 되는 경우가 있다. 처음에는 소량 이용된 태양광선의 작용이 신체의 여러 가지 저항력을 총동원한다.

자외선이 신체에 미치는 다면적인 영향은 그것을 바르게 이용한 경우에는 신체 전체의 상태, 즉 아동의 육체적, 신경・심리적인 발육을 좋게 하고, 신체의 저항력, 병의 감염, 그 외 주위의 유해한 영향에 대한 저항력을 강화한다. 즉, 신진대사가 왕성해지게 되고 혈액의 구성이 좋아지며, 모든 기관과 조직의 기능과 상호작용이 정상화된다.

태양광선은 신체에 매우 중요한 작용을 미치기 때문에 아이의 단련을 목적으로 하는 태양광선 이용에는 제한이 있다. 제한을 두는 것은 아이는 태양 광선이 실제로 그것을 통해서 작용하는 피부 표면의 면적, 몸의 질량에 대한 비율이 어른보다 훨씬 크기 때문이다. 태양광선에 의한 단련은 처음에는 실내에서 그리고 나서는 실외에서 이루어지는 공기욕에 의해 아이가 준비된 후에 비로소 시작할 수 있다.

1. 일광욕

공기욕과 마찬가지로 일광욕은 산책 시간에 실시된다. 아이의 신체는 적당한 의복 변화에 따라 서서히 노출되게 된다. 이와 같이 하여 순차적으로 태양 광선에 의한 단련으로 나아간다. 일광욕을 할 때 아이의 머리에는 눈을 보호하는 가리개나 차양이 붙은 옅은색 모자를 씌워야 한다.

아이가 태양광선 쬐기에 가장 좋은 시간은 중간 기후지대에서는 여름은 낮 10시에서부터 12시까지이며, 남부에서는 8～9시에서부터 11시까지이다. 일광욕은 식후 1시간 반 이상 지나고 나서 시작하고, 식사하기 30～40분까지 끝내야 한다. 더울 때는 주위의 높은 기온의 영향을 받아 소화액의 분비가 저하되어 음식물의 소화 조건이 나빠지기 때문에 이 규칙은 반드시 지켜져야 한다.

건강한 아이라면 결코 그렇게 하지 않으면 안 되는 것은 아니지만 일광욕 때 일정한 시간이 지나면 신체의 방향을 바꾸면서 조용히 누워 있는다. 처음에는 시간이 짧기 때문에 아이가 조용히 일광욕을 참고 있지만 일광욕 시간이 길어지게 됨에 따라 취학 전 유아에게는 장시간 가만히 누워 있는 것이 점점 어려워지게 되어간다. 이것은 신경조직이 매우 긴장한 때에만 조용히 누워 있을 수 있는 것이 아이 신체 생리적 특성이기 때문이다.

아이는 눈을 뜨고 있는 동안 여러 가지 종류의 운동을 하고 있는데 그렇게 하면서 자라게 되고 또, 주위 세계를 알아간다. 이 때문에 20분, 30분 또는 40분간 알몸으로 조용히 누워 있어야 하는 장시간의 공기욕, 일광욕은 실제로 아이로서는 할 수 없다.

공기와 마찬가지로 햇빛에 의한 건강한 아이의 단련은 봄에서부터 여름의 산책 때 실시하는 여러 가지 운동과 연결짓는 것이 유효하다. 햇볕을 쬐는 시간의 길이는 아이에 따라 각각 다르다. 즉, 연령, 전체적인 발육, 건강 상태, 비만 정도, 고차 신경활동의 타입을 고려한다. 또, 공기나 물에 의한 단련으로서 또, 실외에 있으면 자연스레 누구라도 받는 부분적으로 햇볕을 쬐는 형태로 미리 실시되는 준비도 고려할 필요가 있다. 햇빛의 작용을 서서히 증대시키는 방법으로는 다음과 같은 몇 가지가 있다.

① 대기(大氣)의 영향이 약해진 곳을 이용한다. 즉, 아침 일찍 또는 오후에(경사광선은 효과가 적다) 일광욕을 한다.

② 구름이 많은 날에 일광욕을 한다. 구름 층은 광선을 분산시킨다.

③ 반사광선을 이용한다(그늘에서).

④ 의복에 따라 드러나는 피부 표면의 면적을 변화시킨다.

⑤ 햇볕을 쬐는 시간의 길이를 변화시킨다.

여름에는 완전히 그늘이 되는 지역과 명암이 있는 지역과 해가 완전하게 비치는 지역이 평균적인 비율이 되는 장소를 산책 장소로 선택한다. 그늘이 되는 장소는 통풍이 잘 되고 건조해야 한다. 차양보다 잎이 무성한 나무로 만들어진 그늘 쪽이 좋다.

위생학자들에 의해 실시된 도시의 여러 지역의 기후에 관한 특수한 연구에서 나무가 많이 있는 곳의 기온 변화가 16℃에서부터 36℃까지의 범위일 때, 나무가 없는 장소에서의 기온 변화는 거의 2배라는 것이 확인되고 있다. 햇빛의 밝기가 심한 남쪽에서는 가지가 무성한 나무를 심을 것이 권장된다. 북쪽 지방에서는 나무를 조금만 심은 채 많은 곳이 햇빛의 직사광이 비치도록 남겨져 있다.

태양을 피하기 위해 차양이 이용되는 경우는 마포제나 목재로 반드시 천정이 되어야 한다. 천정과 차양의 지붕 사이의 공기 층은 분명히 열을 절연하는 역할을 한다. 이것은 남쪽 지방에 있어서는 특히 중요한 것이다. 양철로 덮힌 차양은 전혀 도움이 되지 않는다. 금속은 태양으로 강하게 열을 받아서 필요없는 열의 근원이 되고, 이와 같은 차양 아래의 기온은 드러난 하늘 아래의 기온보다 몇 도나 더 높다.

지구(地區) 지표(地表)가 지닌 의의는 적지 않다. 가장 바람직한 것은 풀로 뒤덮인 지표이다. 먼지를 막고, 심하게 뜨거워지는 일이 없고, 아이가 넘어졌을 때 타격을 완화시킨다. 모래로 덮힌 장소는 흙이 드러난 곳과 마찬가지로 매우 사정이 나쁘다.

바람과 아이의 움직임에 따라 많은 먼지가 생긴다. 아이의 산책을 위해서 아스팔트로 덮힌 지역은 무조건 금지되고 있다. 특별한 관찰에 의하면 태양이 비치고 있는 날에 아스팔트가 45℃까지 뜨거워졌을 때 동일한 조건에서 잔디 표면의 기온은 25℃ 밖에 되지 않는다. 아스팔트 표면의 필요없는 열방사는 아이의 신체에 영향을 미치고, 즉시 너무 간단히 뜨거워지는 징후(맥박과 호흡이 빨라지고, 다량의 땀을 흘리고, 체온이 올라간다)가 나타난다. 아이의 산책 장소에는 초목이 심어져 있는 정자(亭子)와 베이비 서클 그리고 여러 가지 놀이나 훈련을 위해 필요한 설비가 정돈되어 있어야 한다.

햇빛에 의한 단련은 구름이 많은 날이나 또는 그늘이 있는 날부터 시작한다. 반사 일광이나 분산 일광은 직사 일광이나 집중 일광보다 작용이 약하기 때문이다. 생후 1년 미만의 아이는 보통 태양이 밝게 비치고 있는 장소에는 내보내지 않는다. 어린 아이의 단련에는 분산광선과 반사광선만 이용된다. 아이들은 자고 있지 않는 시간을 차양이나 나무 그늘에 놓인 베이비 서클 안에서 보내게 한다.

기온이 22℃~25℃로 바람이 없을 때는 아이에게 부드러운 섬유로 만든 바지와 재킷을 입힌다. 매 회 눈을 뜨고 있는 시간 도중에 아이의 옷을 벗겨 3분-5분-8분-10분 정도 완전히 벗은 채로 둔다(1일~2일 간격으로 점차 시간을 길게 한다). 이것이 유유아(乳幼兒)의 일광욕이 된다. 어른들은 다음과 같은 사실을 기억해 둘 필요가 있다.

① 아이는 나무그늘이나 차양 아래에 있어야 할 것.

② 아이에게는 수면을 취한 후 곧바로 바지와 재킷(jacket)을 입혀야 하고, 완전히 나체로 있어도 좋은 시간은 수면 후 20분~30분간 뿐이다.

③ 아이에게는 일광욕을 할 때 흰 파나마 모자를 씌울 것.

아이들은 장난감으로 놀게 하고, 어른들은 아이를 등에서부터 배, 겨드랑이로 방향을 바꾸어야 한다. 따뜻하고 바람이 없는 날에는 일광욕을 산책 시간에 실시할 수 있다. 한 살 이상된 아이는 며칠간 명암이 있는 그늘에 있은 후 비로소 직사광선 아래로 산책하러 내보낸다. 밝은 색의 옷(바지에 재킷 또는 원피스)은 아이를 너무 뜨겁거나 불필요하게 햇빛을 쬐는 것으로부터 지킨다.

일광욕 시간에는 아이가 조용히 놀게 해둔다. 햇빛이 쬐는 시간에 놀게 하는 것은 육체적으로 과도한 부담이 들지 않도록 신체의 표면 구석구석에 햇빛이 닿도록 미리 고려해 두는 것이 중요하다. 특히 어른들은 그때 아이의 상태를 관찰할 필요가 있다.

처음에 태양이 비치고 있는 날에 아이의 산책을 실시할 때는 아이를 양지에 5~6분 이상은 두지 않도록 한다. 아이가 너무 뜨거워진 첫 징후(얼굴 홍조, 발한)가 나타나면 바로 응달로 데리고 가서 얼굴을 씻고, 끓인 후 식힌 물을 마시게 하고 나서 조용히 놀게 한다. 햇빛의 작용으로부터의 자연스러운 방어가 되는 햇볕에 얼굴을 그을기를 하고 나서는 산책을 하는 동안 2~3회, 계속해서 8~10분까지씩 아이를 양지로 내보내도 좋다.

2. 휴식

일광욕과 일광욕 사이 응달에서 놀게 하는 휴식 시간의 길이는 가지 각색으로 아이의 상태와 기분에 따라 결정된다. 휴식 시간 내에 너무 뜨거워진 징후가 사라지고 아이가 휴식하는 것이 중요하다.

만약 너무 뜨거워지는 징후가 사라지지 않으면 아이는 계속해서 응달에 있게 하고, 더 이상 햇빛이 비치는 장소에는 나가지 않는다.

일광욕이 적절하게 나누어져 실시되고 있으면 아이가 산책 시간 후에 몹시 피곤해 하는 경우는 없다. 일광욕이 끝나고 산책의 마무리에는 그늘에서 20～30분간 조용히 놀게 한다. 그리고 난 뒤에 얼굴을 씻고, 신체에 의한 전신 단련법(물을 끼얹기 또는 샤워)을 한다. 이러한 것들은 모두 식욕을 증진시켜, 아이는 즐겁게 점심을 먹는다. 식사 후에 입을 헹구고 휴식한다. 일광욕의 영향으로 체온은 다소 올라간다. 보통 0.5～0.6℃ 높아지지만 생리적인 기능을 파괴하는 것은 아니고, 아이의 체온은 1시간 반～2시간 안에 평상시로 돌아온다.

지나치게 뜨거운 것을 방지하기 위해서는 신체의 수분 균형을 유지하는 것이 매우 중요하며, 그 때문에 더운 날의 산책 시간에는 아이에게 끓인 후 식힌 차가운 물을 마시게 해야 한다.

일광욕의 작용이 과도하게 많으면 아이의 건강 상태와 발육에 나쁜 영향을 준다. 장시간 계속해서 햇빛을 향해 있었던 경우에만 한정되지 않고, 비교적 단시간이라도 자주 햇빛 쬐기가 반복된 결과 좋지 않은 영향을 미치는 경우가 있다. 며칠간 계속해서 산책 시간에 아이를 양지로 보내어 짧게 나누어 자주 햇빛 쬐기를 반복하고 그늘에 단시간 밖에 넣지 않으면 충분히 휴식할 수 없어서 고차 신경활동의 변조를 초래한다. 즉, 대뇌피질의 신경세포에서 흥분 작용이 강해지기 시작한다. 이러한 변조는 낮잠뿐만 아니라 밤의 수면도 악화되는 형태로 나타난다.

일반적으로 낮 동안 잠을 자지 않고 장난이 지나쳐 다른 아이가 잠을 자는 것을 방해하는 아이가 적지 않다. 아이는 낮 동안 휴식하지 않으면 저녁에는 한층 더 피곤해 예의가 없어지고 때때로 반항적이 되고, 격렬하게 기분이 바뀌어 이유도 없이 웃거나 울기도 한다. 아이는 밤에 침대에 누워도 좀처럼 잠이 들지 않고, 얕은 잠을 자고, 잠을 뒤척이거나, 자주 눈을 뜨고 있기도 한다. 밤에 잠을 못자면 신경조직이 충분히 휴식하지 못하여 생활 기능의 보급원이 회복되지 않는다. 이것이 반복되면 신경조직을 소모시킴과 동시에 아이의 식욕이 감퇴된다. 피로와 주위의 높은 기온이 소화액의 분비를 억눌러서 아이는 식욕이 나빠지고 무리하게 억지로 먹이면 소화불량을 일으키고 급속하게 수척해진다. 이처럼 잘못된 일광 이용법은 해로움을 초래한다.

단시간이지만 자주 일광을 쬐는 것에 대하여 앞에서 서술했던 것과 같은 반응은 흥분하기 쉽고 불균형한 신경조직을 가진 아이에게는 한층 더 쉽게 일어나기 쉽다. 강하고 균형잡힌 활동적인 타입의 신경조직을 가진 아이는 햇빛 쬐기에도 그 외의 모든 영향에 대해서도 훨씬 잘 견딜 수 있다. 이러한 아이에게는 잘못된 일광 단련이 오랫동안 —4~6일 더 나아가 1주간이나 —계속되는 경우에만 그러한 병이 일어날 수 있다.

아이를 주의깊게 관찰하고 있으면 적당한 시기에 햇빛 쬐기의 해로움을 예방할 방법을 취할 수가 있다. 예컨대, 아이의 수면이나 행동이 정상으로 돌아올 때까지 며칠 간은 그늘에서만 산책을 시킨다. 안정시키는 작용을 가진 물에 의한 단련법 —입욕, 냉수마찰 —은 신경조직의 상태를 정상화한다.

3. 화상

햇빛이 비치는 것에 대한 피부의 정상적인 국부적 반응은 희미하게 주홍색이 되지만 이것은 그 날 안에 사라져 버린다. 색소는 어린이에게 느껴지지 않고 점점 피부에 축적되어 간다(햇빛에 그을림). 햇빛을 너무 지나치게 많이 받으면 피부에 병적인 국부적 반응을 일으킨다. 미리 준비도 하지 않은 채로 계속해서 장시간 직사광선을 받으면, 햇빛을 받은 부분의 피부가 화상을 입는다.

태양에 의한 화상은 그 외의 열에 의한 화상과 마찬가지로 상처의 정도가 3단계로 나타난다. 제1단계의 화상은 보았을 때 빨갛게 붓고, 따끔따끔 하고, 만지면 몹시 아프고, 화상을 입은 부분의 피부가 뜨거워진다. 제1단계 화상의 증상이 심해지는 것은, 몇 시간에 걸쳐 햇빛을 흠뻑 쬔 때부터이며, 대체로 하루 밤을 지나면 서서히 없어진다. 상처를 입은 부분에는 와셀린이나 기름을 바르고 증상이 완전히 없어질 때까지 태양으로부터 보호한다.

제2단계의 화상은 처음에는 제1단계 화상의 징후와 동일하지만 6~8시간 후 또는, 때때로 다음 날이 되어서야 황색을 띤 투명한 액체가 고인 물집이 생긴다. 붉은 빛, 통증, 국부의 뜨거움은 더더욱 심해진다. 전신의 체온이 올라가고 두통을 하는 경우도 있다. 물집이 터지지 않고, 그다지 크지 않은 경우에는 치료는 동일하다. 터진 물집의 치료는 의사의 지시에 따라 소독 연고나 바르는 약을 바르거나, 가제습포를 하거나 한다. 터진 물집은 상처입은 자리가 되어 감염되거나, 파괴된 산출물이 혈액으로 흡입되는 통로가 된다. 따라서, 제2

단계 화상의 경우에는 치료가 필요하다.

제3단계 화상은 물집뿐 아니라 물집이 터진 곳에 궤양이 생긴다. 신체의 전반적인 반응도 현저해지고 열이 나고 머리가 아프며 식욕이 감퇴한다. 피부가 화상을 입은 부분은 매우 아프다. 만약, 화상의 표면이 크면 예를 들어, 등 전체나 양팔 어깨나 가슴과 배와 같은 경우 짓무른 조직의 산출물이 혈액 속으로 흡입되기 때문에 신체 전체의 중독 증세를 일으키는 경우가 있다. 제3단계 화상의 경우에는 반드시 치료를 받아야 한다. 치료하는 데는 약 1주일, 상처가 화농한 경우에는 꽤 오래 걸린다. 의사에게 보일 때까지 아이를 즉시 그늘로 데리고 가서 물을 많이 마시게 하고 안정시킨다.

4. 열사병

아이의 피부가 의복으로 보호되고 있는 경우에 햇빛을 너무 많이 쬐는 것은 신체 전체가 지나치게 뜨거워지는 원인이 되며 열사병 증세가 나타나는 경우가 있다. 열사병은 태양 스펙트럼 적외선이 장시간 또는 강하게 신체에 작용한 결과로 일어난다. 열사병은 다음과 같은 경우에 일어나기 쉽다. 아이가 산책하는 장소에 식물, 풀이 자라는 장소가 적거나 전혀 없는 경우. 또, 특히 위험한 것은 아스팔트로 깔려 있거나 통풍이 나쁘거나 석조 건물에 둘러싸여 있어 더운 날에는 그 자체가 뜨거워져 열원이 되는 경우이다.

웅덩이 —연못, 호수, 강, 샘 —에 가까운 곳에는 태양의 열 작용이 현저하게 약해진다. 열용량이 큰 물이 적외선을 흡수하기 때문이다.

더운 날에는 이것을 부드럽게 하기 위해 아이의 놀이 장소에 물을 담은 대야를 놓아 두면 좋다.

신체 전체가 너무 뜨거운 것은 햇빛을 지나치게 많이 쬔 경우뿐만 아니라 그 외 여러 가지 열원의 작용에도 있다. 예를 들면, 아이를 돌보는 것이 적당치 않고, 실내의 온도 규정이 깨어진 경우 — 페치카나 난방 라지에타 근처에 감싼 아이를 재운다거나, 실내 기온이 너무 높거나 하면 — 열사병이 일어난다.

열사병의 상태는 매우 특징적이며, 너무 뜨거운 과정이나 또는 너무 뜨거웠던 바로 즉시 후에 발생한다. 즉, 아이는 심하게 땀을 흘리고, 목이 마르고, 피부는 빨개지고 호흡이 빨라지게 된다. 이러한 징후들은 신체의 보호 반응을 반영하고 있다. 만약, 열 작용이 저지되지 않으면 두통이 일어나고, 입과 코의 점막이 마르고, 아이는 움직임이 둔해져 생기가 없어진다. 체온은 38~39℃까지 올라간다. 식욕은 감퇴되거나 완전히 없어지기도 한다. 구토를 하거나 내장의 기능이 흐트러지기도 한다.

어린 아이의 경우 여름의 지나친 열기가 종종 설사의 원인이 되는 것은 잘 알려져 있다. 지나치게 뜨거운 것은 전염병에 대한 신체의 저항력을 현저하게 약화시킨다. 항상 체내에 있지만 보통 평상시의 조건으로는 병의 원인이 되지 않는 부패균까지도 신체가 지나치게 뜨거워지면 저항력이 약해지는 것을 틈타 병을 일으킨다.

여름 산책 시간에는 아이의 상태에 주의하여 너무 뜨거운 것을 방지할 필요한 방법 —아이를 그늘로 데리고 간다. 옷을 얇게 입힌다. 조용한 놀이에 흥미를 가지게 하여 활동적인 놀이를 피한다. 끓여서 식힌 물을 충분히 마시게 하고, 양치질을 시킨다. 물놀이를 하게 한다 —을 적절하게 선택해야 한다. 그래도 지나치게 뜨거울 경우에는 곧바로 아이를 나무 그늘이나 차양 아래 또는 실내에 데리고 가서 얼굴을 씻고 차가운 물을 마시게 하고 침대에 눕힌다.

이 경우에는 일반적으로 산책의 마무리에 실시하는 물에 의한 전신 단련법(냉수마찰, 냉수욕 또는 샤워)은 중지한다. 체온이 올라가고 있을 때는 체내의 체온을 유지하는 조직이 무너지고 있는 것이기 때문에 냉수 마찰이나 냉수욕의 차가운 물로 너무 차갑게 해버리는 경우가 있다. 이러한 경우 전신 단련을 국부 단련 —세안, 손발의 습포 마찰 — 으로 바꾼다.

열사병의 경우에는 소화기능에 주의하여 매우 쇠약해진 때는 유동식으로 바꾼다. 즉, 식사는 차로 바꾸고, 낮에도 차나 과즙, 키세리(밀가루로 만든 제리와 비슷한 음식물)를 주고, 저녁 식사에는 케휠(발효 우유)을 주면 좋다. 체온이 오르면 피부 표면을 통한 증발과 또, 호흡할 때 신체는 다량의 수분을 소비한다.

수분의 밸런스가 무너지면 신진대사의 유해 산물이 신장을 통해 배설되는 데 바람직스럽지 않은 조건을 만들어낸다. 즉, 아이는 횟수도 적고 양도 조금 밖에 되지 않는 소변을 배설하지 않게 된다. 신진대사의 산물에 의한 신체의 중독을 막기 위해 아이에게는 제한을 두지 않고 다량으로 수분을 취하게 한다. 다량의 음료는 또한 땀을 배출하며, 신체의 생활 기능을 정상화하기 위해 매우 중요한 열의 발산을 재촉한다.

만약 너무 뜨거운 것이 오전 중 또는 한낮에 일어난 경우(이러한 경우는 종종 있다)는 밤에는 체온이 내려가고 병적인 징후가 모두 점점 사라진다. 아이는 아침에는 다소 쇠약, 어지러움을 느끼고, 식욕은 아직 없는 경우가 많다. 아이는 자고 일어나는 상태로만 두고, 가벼운 유제품이나 식물성 음식을 먹인다. 보통 2~3일 지나면 아이의 상태는 완전히 정상으로 돌아오며, 산책 시간에도 짧은 시간 양지로 보낸다.

너무 뜨겁기 때문에 이전에는 체내에서 활동하지 않았던 감염원이 활발해지게 되고 신체 방어력의 저항에 부딪히지 않고 밖으로부터 감염을 받은 경우에는 체온이 내려가지 않거나 또는 내려갔다가 다시 아침에 올라가 아이는 기분이 좋지 않게 된다. 이 경우에 우물쭈물하면 위험하다. 아이는 바로 곧장 의사에게 보여서 꼼꼼히 진단을 받아 병의 원인과 감염원을 명확히 하여 치료를 받아야 한다.

5. 일사병

너무 뜨거운 것 외에 햇빛을 지나치게 쬐이는 것은 일사병의 원인이 된다. 일사병은 드러난 피부 표면에 자외선이 과도하게 작용한 결과 일어나는 것이기 때문에 이 경우에는 지나치게 뜨거운 징후는 전혀 없는 경우도 있다. 일사병은 열선을 흡수하는 큰 저수지 언덕에 바람이 있고, 그 공기의 움직임이 지나친 열기를 막는 듯한 기후에서 일광욕을 하려고 하는 경우에 일어난다.

아이는 필요없는 햇볕을 쬐고 있는 동안 아무런 불쾌감도 느끼지 않는다. 즉, 바람과 물에 가까운 것이 기분 좋은 정도의 서늘함을 보내 주기 때문에, 더위는 느끼지 않고, 따사로운 밝은 태양이 건강하고 밝은 기분으로 만들기 때문이다. 놀이에 열중한 아이는 그늘에 가려고 하지 않는다. 어른들은 아이가 기분이 좋은 것을 보고 경계를 소홀히 한다.

햇볕을 너무 많이 쬐어 좋지 않은 위험한 결과는 6~8시간이 지나고 나서부터 저녁이 되어서 나타난다. 아이는 안색이 창백해지고 안절부절하며 변덕스러워지게 된다. 그리고 오한과 두통을 느끼며, 체온이 올라간다. 소화 기능이 제대로 되지 않아 식욕을 잃고 구역질을 하거나 설사를 하는 경우도 있다. 특히, 확실하게 병 증세가 나타나는 것은 밤이다. 일반적인 증세가 중독과 비슷하기 때문에 진단할 때는 음식물에 의한 질병 관계를 명확하게 하고, 산책 상태를 확실하게 알려 주고 또, 그 아이가 아동 집단 속에 있을 때는 그 외 전염병의 가능성을 명확하게 하는 것이 매우 중요하다.

일사병의 경우와 마찬가지로 의사에게 진료를 받을 때까지 제일 먼저 해야 할 것은 침대에 눕혀 가벼운 음식물을 먹이고, 충분히 마시게 한다. 만약 일사병의 증상이 나타나고 하루 밤낮이 지나도 아이의 상태가 쾌차하지 않으면 뭔가 전염병에 걸렸다고 예상해야 한다. 일사병에 걸리면 신체의 저항력이 격심하게 저하되어 병에 걸릴 가능성이 현저히 증가한다. 이러한 경우에는 의사에게 의뢰해 적절한 의료 처치를 해야 한다. 아이가 건강을 회복한 후에는 2~3일 지나고 나서부터 다시 양지를 산책하는 것이 허용된다.

태양광선에 의한 단련을 할 때 합병증의 가능성이 있다는 것은 여름에 하는 단련이 어른들의 끊임없는 주의를 필요로 한다는 것을 말해 주고 있다. 또, 동시에 열사병이나 일사병에 걸릴 것을 두려워해서 아이의 햇빛 단련의 기회를 빼앗아서는 안 된다.

아이는 몇 살 때부터 여름, 남쪽으로 데리고 가도 좋은지를 묻는 부모들이 적지 않지만 이것을 결정하는 데는 아이의 건강 상태, 발육, 생리적인 가능성 등을 고려한 각각의 방법이 필요하다. 아이를 돌보는 어른들에게는 큰 책임이 지워져 있다. 어른들은 거의 잘 알아차리지 못할 정도의 햇볕을 너무 많이 쬔 초기 징후를 찾아 지나치게 뜨거운 것을 방지하는데 필요한 적절한 처치를 할 수 없으면 안 된다.

새로운 환경에 아직 친숙하지 —순응하지 —않은 동안은 기후의 변화가 체력의 상당한 긴장을 필요로 하는 것도 잊어서는 안 된다. 건강한 어른에게는 많든 적든간에 순응은 쉽게 이루어지지만 아이가 새로운 정황이나 다른 기후에 친숙해지는 것은 훨씬 어렵고, 식욕이 없어지거나, 잠을 잘 자지 못하거나, 전체적으로 기분이 나빠지거나, 머리가 아프거나 하는 경우가 있다.

어떤 아이들은 격심한 기후의 변화나 새로운 정황 속에서 생활환경에 친숙해지는 데 2～3주일이나 그 이상이 걸리는 경우가 있다. 이 사실은 아이를 남쪽(따뜻한 곳)으로 데리고 가는 효과가 다른 조건은 별도로 하고, 체재 기간에도 관계되고 있는 것을 의미한다. 아이는 여름 동안 — 5월부터 9월까지 —남쪽으로 데리고 가는 것이 좋다. 평소 살고 있는 장소로 돌아오는 데도 생리적 기능이 본래의 상태로 돌아가는 것을 동반하지만 이 쪽은 신체가 이미 확실한 연결이 생겼던 원래 조건으로 다시 돌아온 것이기 때문에 간단히 끝난다.

남쪽 보양지의 유효한 지역을 잘 이용할 수 있는 것이 중요하며, 그 경우에 약 2～3개월 동안이라도 아이에게 본질적인 건강 준비를 할 수 있다. 이와 같이 아이의 햇빛에 의한 단련은 다음의 규칙을 따르는 것이 필요하다.

① 태양은 물과 공기보다 신체에 훨씬 강하게 작용하는 것에 주의하여 공기욕이나 물에 의한 단련을 먼저 실시해야 할 것.

② 일광욕은 산책 도중에 아이 놀이 과정으로 실시하고 마지막에 공기욕을 실시할 것.

③ 생후 1년 이내의 아이는 일광욕에 반사광선이나 분산광선만을 이용할 것.

④ 태양에 의한 단련 작용을 서서히 강하게 하는 데는 의복의 선택을 이용 한다. 먼저, 아이의 손과 발을 노출시키고 반소매 재킷을 입힌다. 그 다음 2~3일 지나면 소매없는 셔츠를 입히고 2~3일 더 지나면 곧바로 바지 하나로 양지로 내보낸다. 머리는 파나마 모자나 차양 모자로 태양으로부터 보호할 것.

⑤ 태양이 중천에 걸려 있는 더운 한 낮에는 일광욕을 하지 않는다. 또, 너무 뜨겁거나 햇빛이 너무 많이 쪼이는 경우에도 중지할 것.

CHAPTER

6

단련의 적합성과 부적합성

CHAPTER 6

단련의 적합성과 부적합성

적당한 조건에서 실시되는 단련은 신체를 전체적으로 튼튼히 하고, 병을 막고, 아이의 조화로운 발육을 보장하는 중요한 수단 중의 하나이다. 따라서 원칙적으로 단련의 부적합성에 대해서 말한다는 것은 올바르지 않다. 왜냐하면 아이를 건강하게 하고, 발육을 좋게 하고, 병을 예방하기 위한 부적절성은 있을 수가 없기 때문이다. 또, 한 가지는 아이의 연령과 상태에 따라 개인별로 선택되는 여러 가지 단련법의 취급 방법일 것이다.

1. 공기 단련의 적합성과 부적합성

신선한 공기에 의한 단련은 모든 아이에게 어떤 상태에서라도 효과가 있고 특히, 어린 아이나 약한 아이에게 있어서는 중요한 의미를 가지고 있다. 기관의 염증, 비염이나 폐렴의 경우에조차 치료 효과가 있지만 그 경우에는 주로 낮잠이나 산책(안정 시간) 시간에 실시되어야 한다. 폐렴의 경우에 적어도 공기가 피부 표면을 자극하는 시기에 벌거벗은 전신 공기욕은 치료 효과가 없다. 그 외 다른 병이라도 열이 있는 무거운 병일 때는 전신 공기욕을 하지 않는다.

2. 물 단련의 적합성과 부적합성

물에 의한 단련법에도 절대적인 부적합성은 없다. 아이가 불쾌함을 느낄 경우나 피부병일 경우에는 전신으로 하는 물 단련법을 부분적인 것으로 바꾼다. 위생적인 목적으로 물을 사용할 때는 항상 단련과 결합시킬 수 있다. 아이가 아플 경우에는 느낄 수 없을 정도로 물의 온도를 조금만 올려 작용이 약한 부분적인 방법(닦기, 얼굴 씻기)을 계속 실시해야 한다. 그렇게 하면 아이의 증상은 상당히 좋아지게 되고 병의 회복을 돕는다.

모든 병에서 체온이 오르면 타액 분비가 억제되고, 점막이 건조되는 것을 고려하여 끓인 후 식힌 물로 입과 인후의 헹굼을 강제적으로라도 반복하는 것이 필요하다. 입과 인후를 반복하여 헹구는 것은 위생상 의미가 있는 것 이외에 편도선과 인두와 후두 점막의 자극에 의해 일어나는 반사 반응의 흐름과 속도가 생리적으로 정상적으로 유지되는 것을 돕고, 그것에 의해 후두염을 예방한다.

3. 햇빛 쬐기의 적합성과 부적합성

단련을 목적으로 하는 햇빛 쬐기의 이용에는 많은 금기 사항이 있다. 이 금기들은 태양 스펙트럼을 구성하는 강하고 복잡한 광선의 작용(물리적, 화학적인)에 의해 설명된다. 직사광선을 쬐는 것은 생후 1년 미만의 아이나 빈혈이 심하고, 신경이 흥분하기 쉽고, 쇠약해서 고생하고 있는 좀 더 큰 아이 또는 병의 증세가 심한 아이에게는 권장되지 않는다. 이러한 경우에는 직사 일광욕을 낮 동안 광선 전체 속에 있는 분산광선이나 반사광선에 의한 일광욕으로 바꾼다.

어떤 부모들은 병의 증세가 있는 아이를 안정시키려고 낮 동안 햇빛으로부터 차단하고자 한다. 그러나 이것은 잘못이며 건강을 위해서 좋지 않다. 빛이 아이의 눈에 직접 들어가지 않도록 하는 것만은 주의해야 한다.

이를 위해서는 침대의 머릿쪽을 창문 또는 그 외 광원(光源)쪽으로 향하게 배치하는 것만으로도 충분하다. 그렇게 하면 침대에서 잠을 자고 있는 아이의 얼굴은 반대쪽을 보게 된다. 반사일광이나 분산일광은 살균작용을 상당히 가지고 있기 때문에 아픈 아이가 있는 실내에는 특히 햇빛과 통풍이 잘 되는 것이 필요하다.

CHAPTER

7

아동의 일과에서 단련법과 운동의 병용

CHAPTER 7

아동의 일과에서 단련법과 운동의 병용

아이의 정상적인 전면적 발달을 보장하는 주된 조건의 하나는 각 발육 과정의 요구와 가능성에 적합한 합리적인 일과를 짜는 것이다. 수면과 깨어 있는 시간, 식사, 그 외 여러 가지 활동을 아이의 성장 발달에 가장 적합하게 시간 분배하는 것은 일과에 의해 습관화된다.

아이는 일정한 시간에 먹고, 자고, 적극적으로 운동하는 습관이 형성되면 가장 좋은 생리적 조건이 만들어져 일정한 시간이 되면 임의의 일과(日課)를 실행할 신체적인 준비를 하는 것이 가능하게 된다. 예를 들면, 만약 아이가 항상 일정한 시간에 식사를 하면 소화기관은 그 시간이 되면 음식물을 소화할 준비를 하게 된다. 아이에게 요구되는 음식물은 좋은 조건을 만나 잘 소화되어 흡수된다. 아이를 항상 비슷한 시간에 재우면 일찍 자게 된다. 같은 시간에 같은 조건으로 실시하는 단련도 조건 관계가 확립되는 덕택으로 훨씬 효과적이다.

나이에 따라 몸 속의 생명활동의 긴장도와 생리적 기능의 리듬이 바뀌고 그것에 따라 아이의 일과가 바뀔 수 있다. 아동시설에서는 합리적인 일과를 편성하고 그것을 엄격하게 실행하는 것이 매우 중요시되고 있다.

1. 유유아(乳幼兒)

생후 1년 미만의 아이에게는 특히 적당한 일과와 위생적인 환경을 제공하는 것이 필요하다. 만약 아이가 하루의 일부를 보육시설에서 보낼 경우 아이의 일과는 시설에서나 집에서나 동일해야 한다. 일년 동안 아이의 일과는 발육에 따라 4번 바뀔 수 있다. 생후 2개월 반에서부터 3개월까지의 아이는 밤에는 6시간 간격을 두고 3시간마다 하루에 7번 수유한다. 아이는 하루 종일 거의 대부분 잠을 자며 밤 동안의 수면은 10~11시간이며, 그 외 낮 동안은 1시간 반~ 2시간씩 4번 잔다. 이처럼 낮과 밤의 총 수면시간은 16시간 반~18시간이며, 깨어 있는 시간은 총 7시간 반에서 6시간이다. 생후 1주간은 깨어 있는 시간이 확실한 구별이 없다.

어른들은 깨어 있는 짧은 시간 동안에 아이를 씻기고, 의복을 갈아입히고 수유를 한다. 아이가 눈을 뜨고 조용히 있을 때는 상냥하게 달래어 주고 색채가 뚜렷한 장난감을 보여주거나 딸랑이 소리를 들려주면 좋다. 이러한 것을 3분, 5분, 10분간 계속하면 아이의 시각과 청각의 집중력을 발달시켜 주어 아이가 방긋 웃기도 한다.

이 시기의 아이의 건강법은 위생적인 환경을 유지하는 것이다. 아이의 침대는 방 안에서 가장 밝고 통풍이 잘되는 곳에 배치한다. 방 안은 매일 청소를 하고 자주 환기를 한다. 실내 기온은 아이 침대

높이에서 22°C～21°C가 되도록 주의해야 한다. 공기에 의한 단련은 실내의 적온 장소에서(하루에 4～5회 실시된다) 옷을 갈아입을 때 실시되기 때문에 그 때 몇 분간 벗은 채로 눕혀 둔다.

건강한 아이는 생후 1개월～2개월부터 마사지와 체조를 시작한다. 마사지(massage)는 피부 혈관을 확장하고, 말초 혈액순환을 좋게 한다. 마사지는 수동적인 체조의 일종으로 정지하거나 움직이는 기능 —물건에 의존하지 않고 신체 상태를 유지하는 능력 예컨대, 앉고, 일어서고, 기어다니고, 걷고, 쥐는 능력 —의 발달에 중요한 의의를 가지고 있다.

마사지의 국부적인 작용은 피부의 탄력성과 영양을 좋게 하고, 저항성을 높이는 것이다. 마사지를 하는 어른의 손은 깨끗하고 따뜻하며, 손의 피부는 건강하고 부드러워야 한다. 마사지를 할 때 아이의 피부의 자극을 피하기 위해 오일류나 매끈한 돌을 사용하는 것은 탐탁하지 않다.

어머니는 아동상담소에서 가장 간단한 마사지와 체조법을 배워 매일 아이가 깨어 있는 일정한 시간에 실시한다. 식사 전이나 식사 후 30～40분 뒤에 실시하는 것이 좋다. 마사지나 체조를 할 때는 아이가 기분이 좋고 활기찬 기분이어야 하는 것이 중요하다. 이러한 것은 기온 22～21℃이고, 통풍이 잘되는 방에서 실시한다. 책상은 4겹으로 접어진 프란넬 모포와 기름포와 시트로 덮는다. 아이는 의복을 벗기고 위로 향하게 눕힌다.

생후 1개월 반～2개월된 아이는 아직 태아 특유의 신근보다 굴근(屈筋) 발육 쪽이 우세한 상태가 남아 있는 것을 고려하여 편안하게 눕힌 아이를 손은 팔꿈치를 구부리고, 발은 허리 관절과 무릎 관절을 구부린채로 둔다. 이 상태를 무리하게 고쳐야 하는 것은 아니다.

어머니는 상냥하게 끊임없이 아이의 주의를 끌면서 마사지와 체조를 실시한다. 마사지와 체조의 모범적인 편성은 제 에스 우와로와, 엘 게 소로체크, 베 페 스피리나, 게 페 유르코에 의한 『유아기 및 취학전 아동의 체육』에 제시되어 있다. 여기에서는 생후 1개월 반~3개월된 아이를 위한 연습과 마사지의 편성 가운데서 한 가지만 인용해 본다.

① **손 마사지 - 문지르기** : 손가락에서부터 어깨쪽으로 향하여 아이의 아래 팔과 안쪽을 손바닥으로 문지른다. 이것을 한쪽 손으로 4~6회씩 반복한다(사진 7-1).

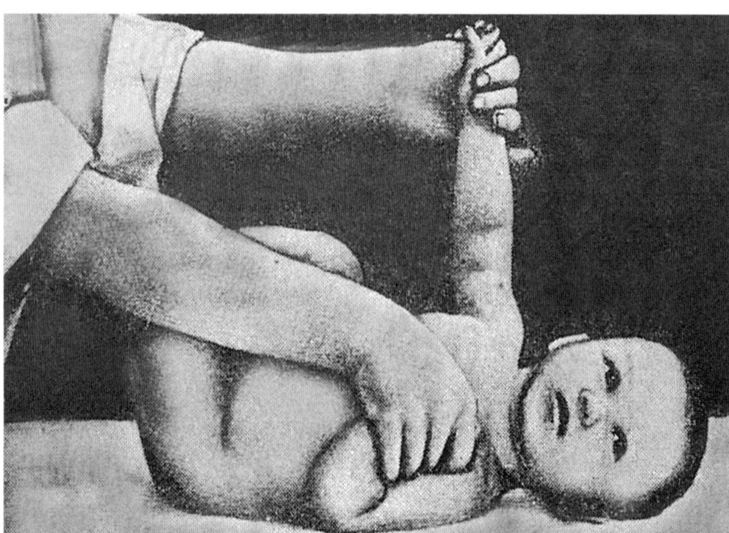

사진 7-1

② **복부 마사지 - 문지르기** : 오른쪽 늑골 아래(간장의 위치)를 통하여 손바닥으로 복부를 시계 바늘 방향으로 둥글게 문지른다. 6~8회 둥글게 문지르기를 반복한다(사진 7-2).

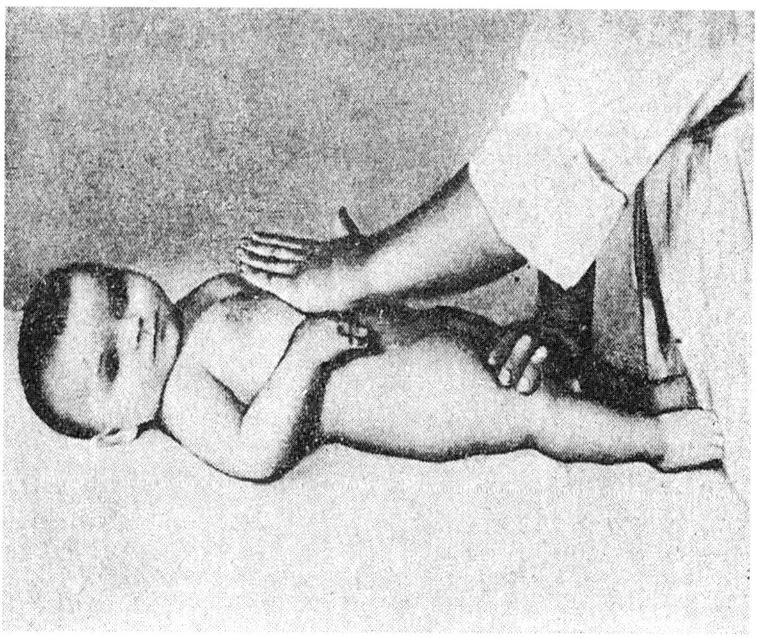

사진 7-2

③ **발 마사지 - 문지르기** : 한쪽 손으로 아이의 발끝을 지탱하고 또 다른 한쪽 손바닥으로 정강이와 대퇴부의 바깥쪽과 뒤쪽을 발끝에서부터 허리 관절로 향하여 문지른다(안쪽에는 닿지 않는다). 이 동작을 한쪽 발에 4~6회씩 반복한다(사진 7-3).

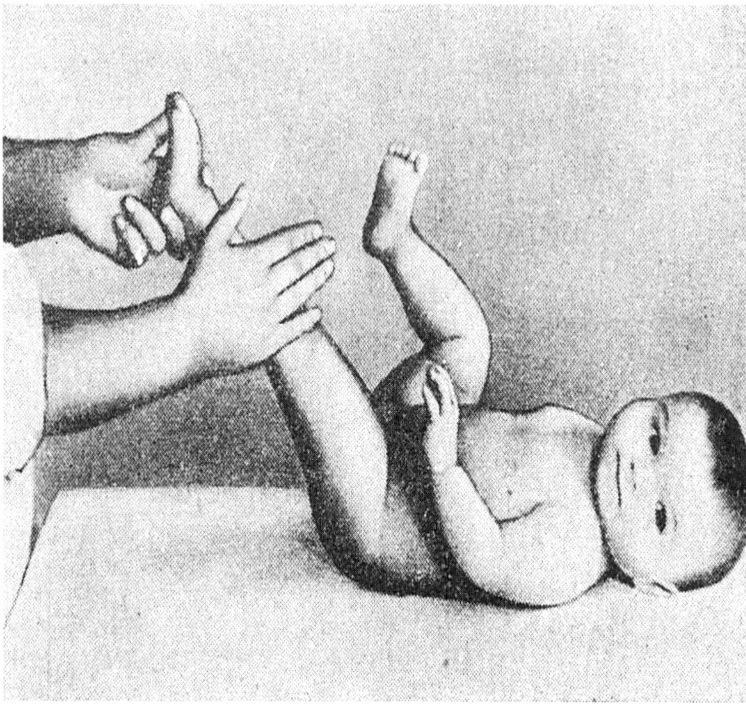

사진 7-3

④ **척추를 반사적으로 펴기** : 이 연습은 등의 근육을 강하게 한다. 아이를 옆으로 눕히고 두 손가락으로 척추의 양쪽을 만지며, 엉덩이에서부터 견갑골 쪽으로 향하여 움직인다. 등 피부의 촉각을 자극하면, 척추가 반사적으로 펴지는 이 연습은 좌우를 향하여 1회씩 실시한다(사진 7-4).

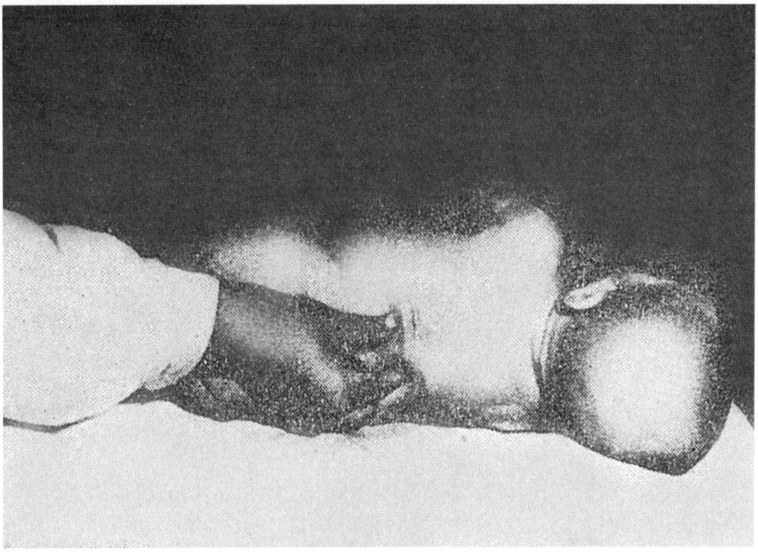

사진 7-4

이러한 것을 전부 실시하는 데에 시간은 4~5분 이상이 걸리지 않는다. 어머니가 아직 충분히 익숙하지 않은 처음에 반복하는 횟수는 2~3회까지로 줄이고, 이러한 연습을 하는 전체 시간은 5~6분을 넘어서는 안 된다. 왜냐하면 아이는 마사지 시간에 전신 공기욕을 하고 있는 까닭이다. 연습이 끝나면 옷을 입힌다.

생후 2개월부터는 마사지와 체조 편성에서 등, 목, 발끝의 근육을 강화하기 위한 다음과 같은 연습이 더해진다.

1) 등 마사지

① **등 문지르기** : 아이를 엎드리게 해서 엉덩이에서 목 방향으로

향해 양쪽 손등으로 등을 문지르고, 그 다음에 반대로 목에서 엉덩이를 향하여 손바닥으로 문지른다. 이 동작을 4～6회 반복한다(사진 7－5).

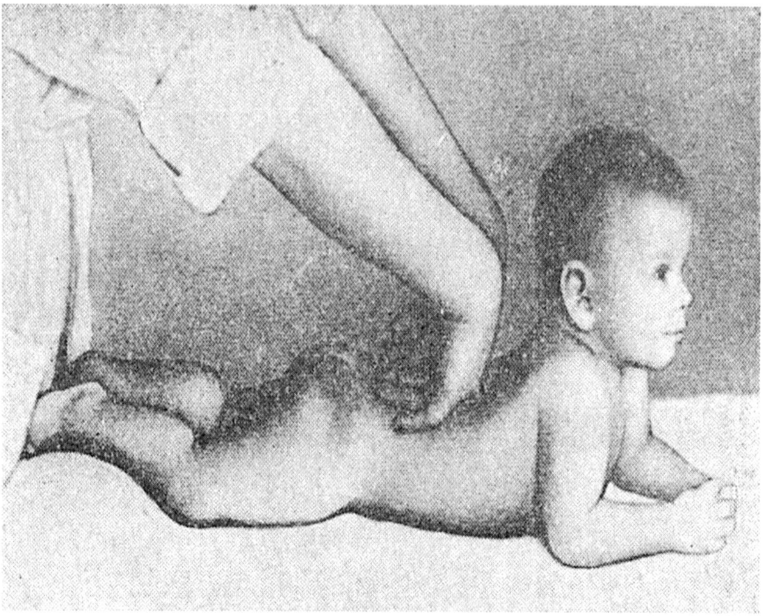

사진 7－5

② **척추와 발을 반사적으로 펴기**(수영하는 모양) : 엎드리게 한 아이를 오른손 손바닥으로 떠받치고 동시에 왼손으로 발끝과 정강이 아래 쪽을 떠받친다. 이 경우 머리가 반사적으로 뒤로 젖혀지고, 척추가 펴지고 허리 관절쪽에서 다리가 뻗는다. 이 연습은 1～2회 실시한다(사진 7－6).

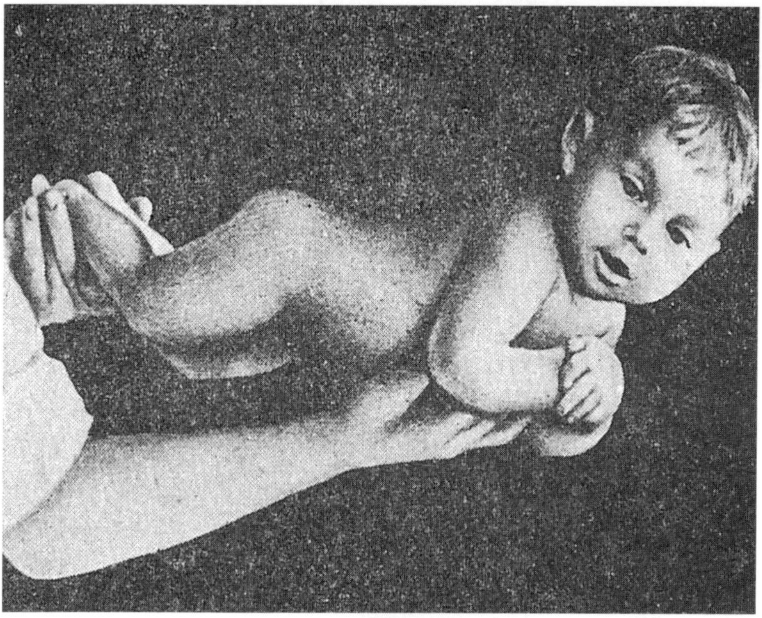

사진 7－6

등의 근육 조직을 강하게 하는 이러한 특수한 연습 외에 생후 2개월부터 아이가 깨어 있을 때마다 1～2분씩 엎드리게 하는 것도 바람직하다.

2) 발끝 마사지

아이를 위로 향하여 눕힌다.

① **어루만지기** : 어른의 양 손 집게손가락 위에 아이 발의 아킬레스건을 올린다. 양 손의 엄지손가락으로 발등을 손가락 방향에서

복사뼈와 그 주변을 향해 문지른다. 이 동작을 4~6회 반복한다(사진 7-7).

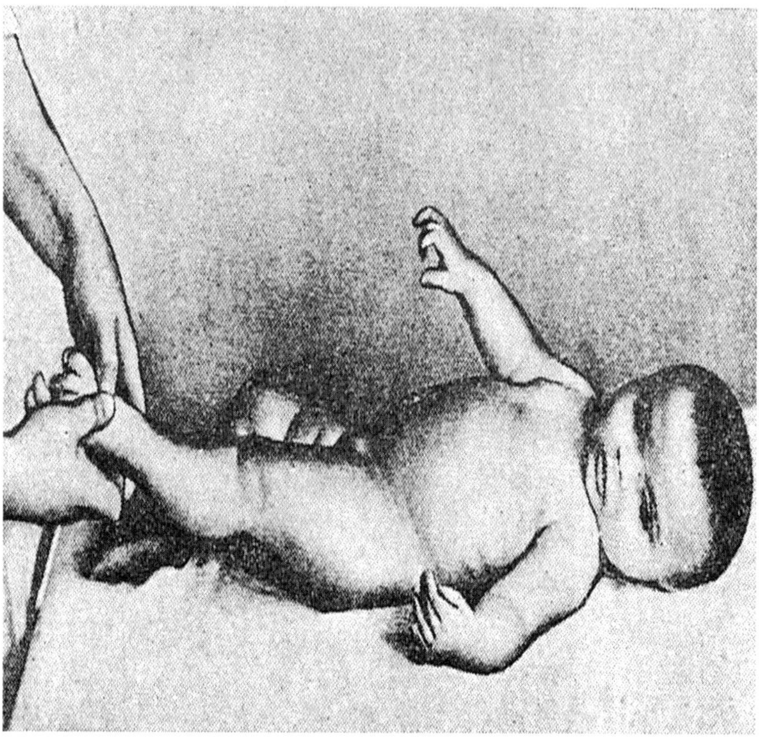

사진 7-7

② **손가락 마찰** : 아이의 발가락을 양 손 바닥 사이에 끼워서 양 발을 교대로 4~6회 가볍게 마찰한다(사진 7-8).

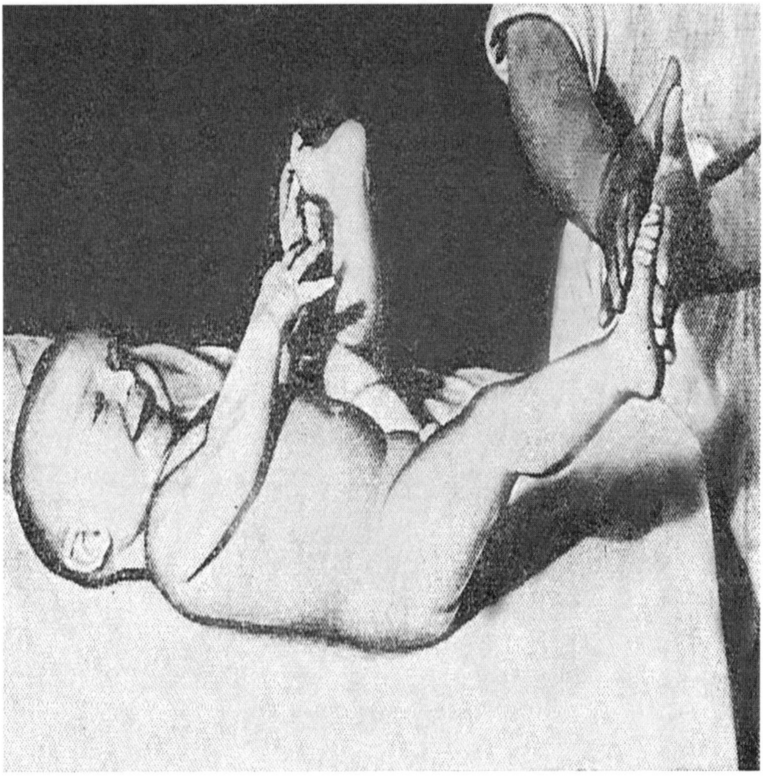

사진 7-8

3) 발가락 굽혔다 펴기(발 안쪽의 반사운동)

① 아이를 위로 향하게 눕힌다. 한쪽 손바닥으로 아이의 정강이를 지탱하고, 가볍게 들어올린다. 또 다른 한쪽 손의 집게손가락으로 발 안쪽의 발가락 뿌리 부분의 피부를 가볍게 누르면 이로 인해 반사적으로 발가락이 굽어진다(사진 7-9).

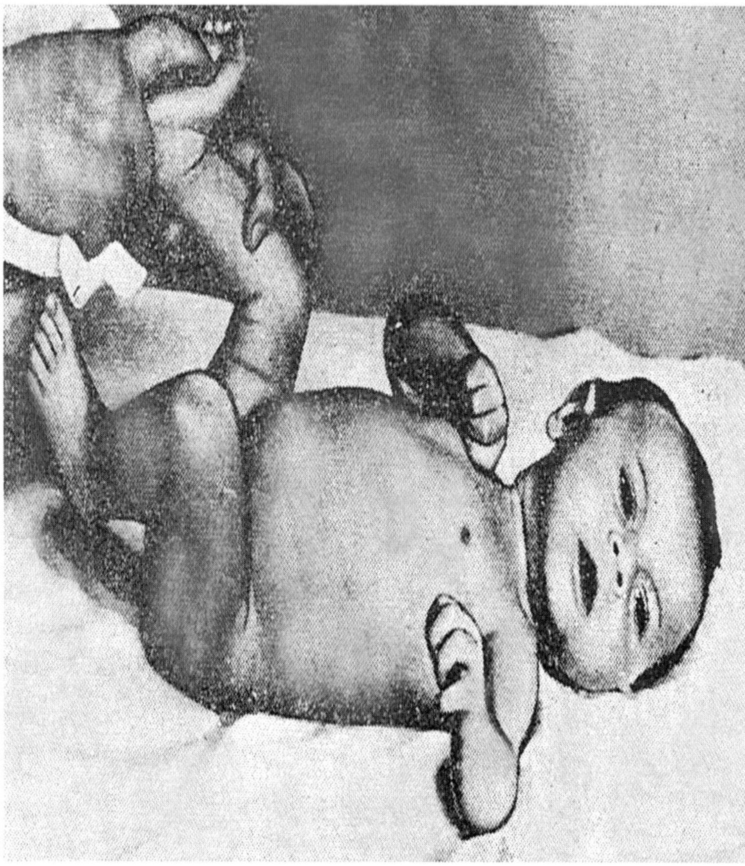

사진 7-9

② 그 다음 발 바깥 끝부분을 따라 발꿈치까지 손가락으로 쓰다듬고 다시 가볍게 누른다. 이것을 한쪽 발에 3~4회씩 반복한다(사진 7-10).

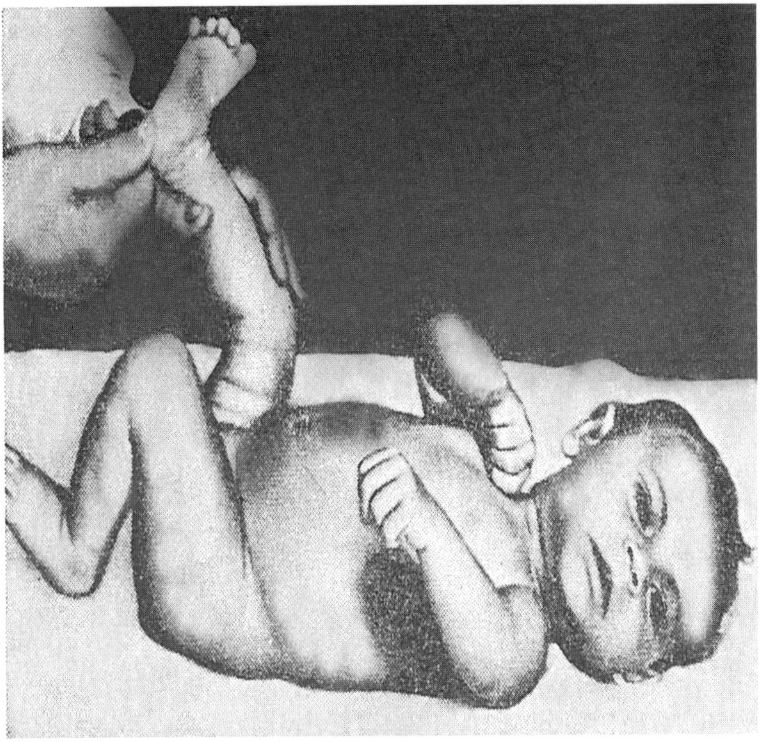

사진 7-10

③ 발을 굽혔다 펴기, 즉 발의 반사운동은 아이의 겨드랑이 밑을 양손으로 받쳐서 수직 상태로 하여 발을 한순간 탁자에 닿게 한다. 아이의 절반쯤 구부러진 발은 단단한 물건의 표면에 닿고, 반사적으로 무릎과 허리 관절이 일직선이 된다. 이 연습을 4~6회 반복한다.

생후 2개월이 지나면 마사지와 체조 시간을 5~6분까지 연장한다. 이 시간 동안 아이는 완전히 벗은 상태이기 때문에 동시에 공기욕을 하게 된다. 공기에 의한 단련에는 단시간의 실내 공기욕 외에 실외 —정원, 발코니, 창문을 연 베란다 또는 적어도 창문을 연 실내— 에서의 낮잠 시간이 이용된다. 이 시기는 아이가 깨어 있는 시간이 짧은 것을 고려하여 아이의 산책은 낮잠 시간에 실시한다.

위생상 물을 사용하는(얼굴을 씻는다, 더러운 것을 씻는다) 경우 수온은 28℃~26℃로 한다. 매일 실시하는 입욕은 수온 37℃의 물을 사용한다. 피부 표면에 미치는 물의 작용과 그 후에 닦고 마찰하는 것은 그 후에 피부 혈관의 반응을 형성하는 것을 돕고, 그 이후의 완성의 기초가 된다.

생후 2개월 반에서 3개월부터 5~6개월까지는 밤에는 6시간 반 휴식하고, 3시간 반마다 하루에 6회 수유한다. 예컨대, 생후 4~5개월된 아이는 각각 1시간 반에서 2시간씩 3회 낮잠을 자도록 규칙을 정한다. 밤의 수면 시간은 그대로 11~12시간으로 하고, 하루 동안에 16시간에서 16시간 반 정도 잠을 잔다.

아이는 점점 더 확실하게 지속적으로 깨어 있게 되고, 모두 합하면 하루 종일 7시간 반에서 8시간 정도 깨어 있게 되는데 그것은 대개 균등하게 4가지로 구분된다. 아이가 눈을 뜨면 용변을 시키고 옷을 갈아입히고, 수유를 하고 그 후에 아기 침대에 눕힌다.

깨어 있는 시간에는 각 아이의 시각, 청각, 촉각, 운동의 발달 정도에 따라 연습을 시킨다. 생후 3개월경까지는 손의 굴근의 긴장이 신근보다 우세한 경우는 거의 없고, 정지와 운동 기능의 발달이 완성된다.

생후 3~4개월된 아이를 위한 마사지와 체조를 조합한 연습은 다음과 같이 실시한다.

① **손 마사지** : 한쪽 손을 6~8회씩 쓰다듬은(앞에서 서술한 대로이다) 후에 유도 자세의 연습, 즉 양 손을 교차시키고, 그 다음에 그것을 양쪽으로 펼친다(4~6회 반복한다). 아이에게 어른의 양 손 엄지손가락을 쥐게 하고 팔꿈치를 구부려 가슴에 팔짱을 끼게 한다. 그 다음 팔을 양 겨드랑이에서 편다. 이 연습은 팔 근육과 쇄골, 견갑골(어깨뼈)을 강하게 하는데 도움이 되며 또, 심호흡을 수반한다(사진 7－11).

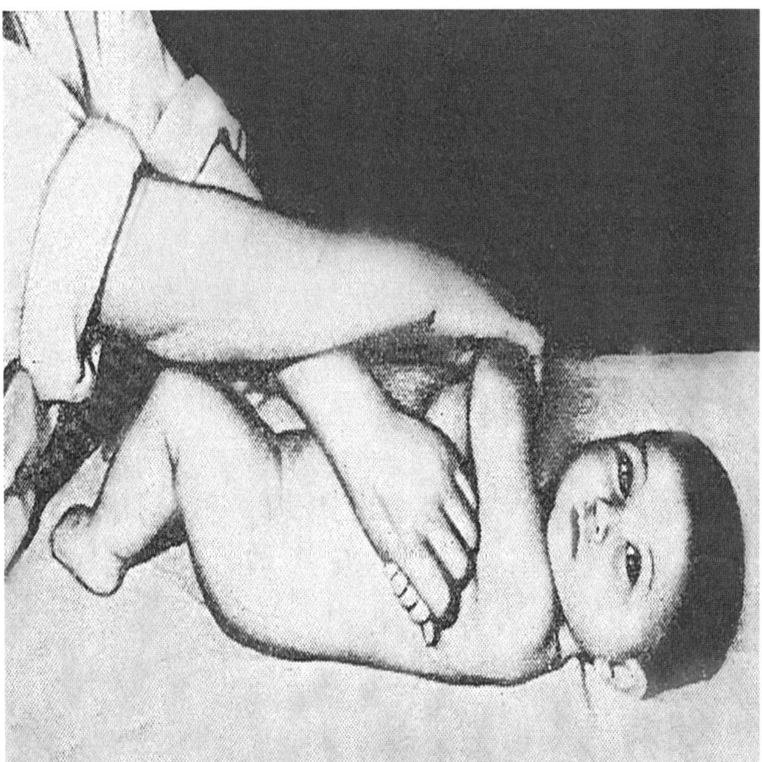

사진 7－11

② **복부 마사지** : (앞에 서술한대로) 8~10회 쓰다듬고 계속해서 비스듬한 복근 마사지(양 손바닥으로 가슴 아랫부분 뒤쪽에서부터 배꼽을 향하여 배꼽 위에 양 손이 모아지도록 가벼운 마사지를 한다)를 실시한다. 이 연습은 6~8회 반복한다. 복부 마사지 마지막에는 조금 문지른다.

③ **발 마사지 추가 실시** : 앞에서 서술한 것처럼 6~8회 반복하여 문지른다. 이어서 마사지(손바닥으로 살짝 누르는 듯이 하면서 정강이와 대퇴부 양면을 발끝에서 허리 관절 방향을 향하여 섬세하게 움직인다)를 한다. 이 동작을 6~8회 반복한다. 그 후에 비빈다(발끝에서 허리 관절을 향하여 정강이와 대퇴부의 표면을 손가락 끝으로 가볍게 누르면서(소용돌이 형태의 운동을 한다) 이것을 4~6회 반복한다. 마사지와 마찬가지로 비비는 경우도 한 손씩 교대로 오른손으로 왼쪽 발을, 왼손으로 오른쪽 발을 실시한다.

④ **비빈 후 정강이를 둥글게 고리 모양으로 마사지 하기** : 양 손의 집게손가락과 엄지손가락으로 아이의 정강이를 꽉 잡고, 동시에 힘을 가해 움직이고, 발끝에서 무릎으로 향하여 이것을 반복한다(사진 7-12). 이 마사지는 4~6회 실시한다. 발 마사지 마무리에는 발을 문지른다.

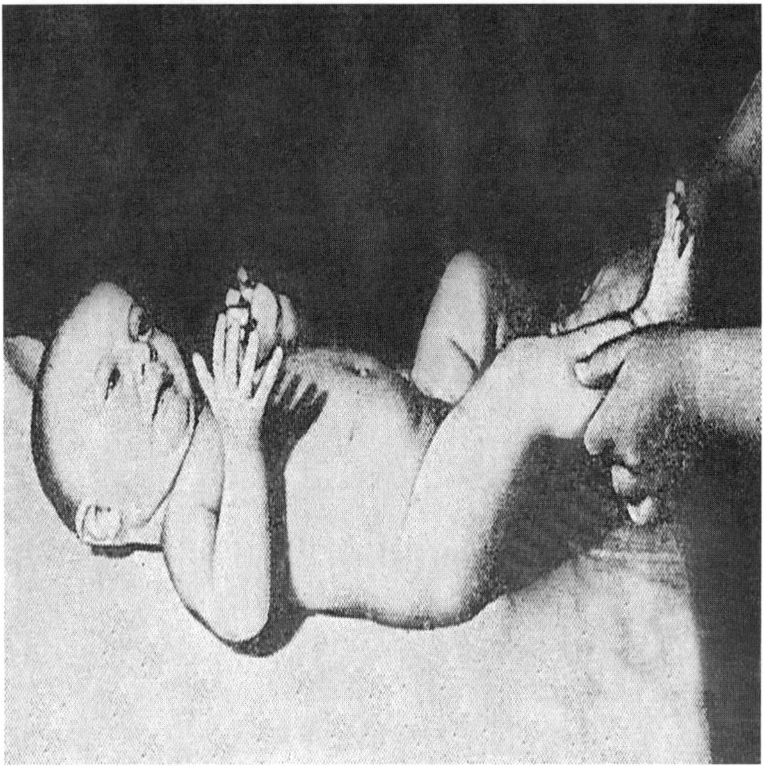

사진 7－12

⑤ **새로운 연습으로 들어가기 - 몸을 좌우로 뒤척이기** : 아이를 위로 향하게 눕힌다. 오른손으로 곧바로 일직선으로 양 발의 정강이를 지탱하고 왼손으로 팔꿈치를 구부린 아이의 왼쪽 팔등을 잡는다. 양 손으로 아이를 가볍게 오른쪽 겨드랑이로 향하여 아이가 스스로 고개를 숙이도록 재촉한다(사진 7－13).

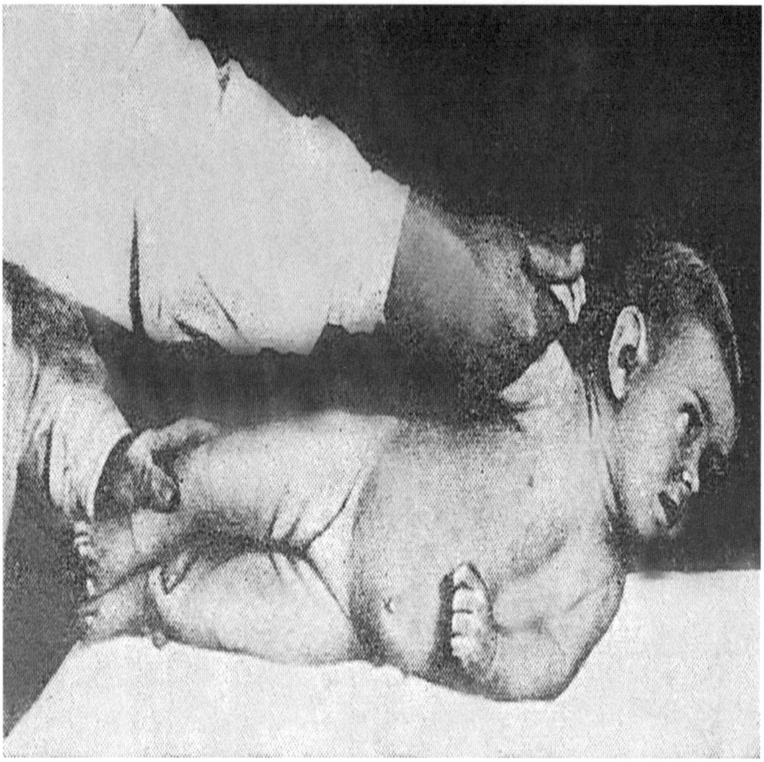

사진 7-13

그 다음 아이를 한번 더 뒤로 젖혀 위를 향하게 하고, 왼쪽 겨드랑이에서 고개를 숙이게 몸을 뒤척이도록 한다. 이 경우에 어른은 왼손으로 아이의 발을 누르고 오른손으로 아이의 오른손을 잡는다. 몸을 뒤척이는 것은 좌우 1~2회씩 실시한다.

이 연습은 몸통의 근육 조직을 강하게 하고, 몸을 뒤척이는 것을 능숙하게 한다. 아이가 이것을 할 수 있게 됨에 따라 발을 돌리는 것만 도와 준다. 그 후 대략 4개월째 무렵에는 혼자 힘으로 이 운동을 할 수 있게 된다(장난감을 보여주는 것만으로 이 운동을 재촉한다).

⑥ **등 마사지 추가 실시** : 엎드려 눕힌 아이에게 등을 문지른 후(4~6회) 계속 해서 손바닥으로 가벼운 마사지를(4~6회) 하고 이어서 척추에서 바깥쪽으로 소용돌이 모양으로 손가락 끝을 움직여 비빈다. 이 경우에 엉덩이에서 목으로 향해 진행하면서 실시한다. 등 마사지 마지막에는 등을 문지른다. 배를 엎드리고 척추와 발을 반사적으로 펴는 운동(앞에서 서술한)을 1~2회 반복한다.

⑦ **발끝 마사지 추가** : 손가락으로 문지르고, 마사지를 한 뒤 반쯤 구부린 손가락으로 아이의 발바닥을 두드린다(4~6회). 발의 근육, 관절, 인대를 강하게 하기 위해 반사적으로 발을 바깥쪽으로 엎어뜨리기와 안쪽으로 넘어뜨리기를 응용한다.

손가락 끝으로 발바닥 가장자리를 안쪽 끝에서 시작하여 엄지손가락 쪽을 향하여 가볍게 눌러 반사적으로 발을 안쪽으로 넘어뜨리는 작용을 불러일으킨다. 다시 발바닥의 바깥 가장자리를 새끼손가락을 향해 눌러, 반사적으로 발을 바깥쪽으로 넘어뜨리는 작용을 불러일으킨다.

이 훈련은 한쪽 발에 2~3회씩 반복한다. 발끝 마사지의 마무리에서는 발 끝을 쓰다듬는다. 마지막에는 이것들을 종합한 발을 굽혔다 펴는 연습을 실시한다(앞에서 서술함). 이러한 훈련 전체의 계속 시간은 6~8분간으로 한다. 아이는 이 시간에 공기욕을 받는다.

이어서 2개월이 더 지난 아이(생후 4~5개월)에게는 마사지와 체조를 동일하게 조합시킨 새로운 연습이 도입된다.

① 복부 마사지를 한 후에 위로 향하여 누워 반사적으로 척추와 발을 구부리는 —"공중으로 띄우다" — 연습을 한다. 누운 아이의 등 아래에 어른이 양 손바닥을 나란히 넣는다. 그리고 아이를 공중으로 뜬 상태로 들어올린다. 아이는 갑자기 머리와 다리를 지탱하는 것이 없어져 반사적으로 척추를 구부리고 머리를 앞으로 기울여 허리와 무릎 관절에서 다리를 구부린다. 이것을 2회 반복한다. 이 연습은 목의 근육과 아랫배의 힘을 강하게 하고, 다리를 강하게 하며 또, 반사 반응을 빠르게 한다(사진 7 – 14).

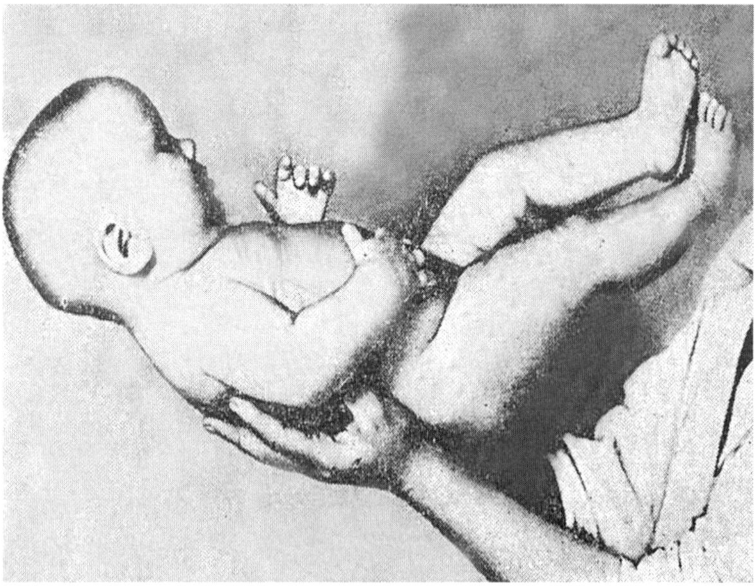

사진 7 – 14

② 다리 마사지 후(전부 6~8회씩 반복하여 실시한다) 수동적인 연습 —"제자리 걸음"—을 시킨다. 위로 향해 누운 아이의 양 발목을 양 손바닥으로 쥐고, 발을 책상에 세우도록 허리쪽으로 무릎 관절을 굽힌다. 이어서 빠른 템포로 발을 책상에서 미끌어지게 하며 번갈아 다리를 구부렸다 폈다 한다(사진 7-15).

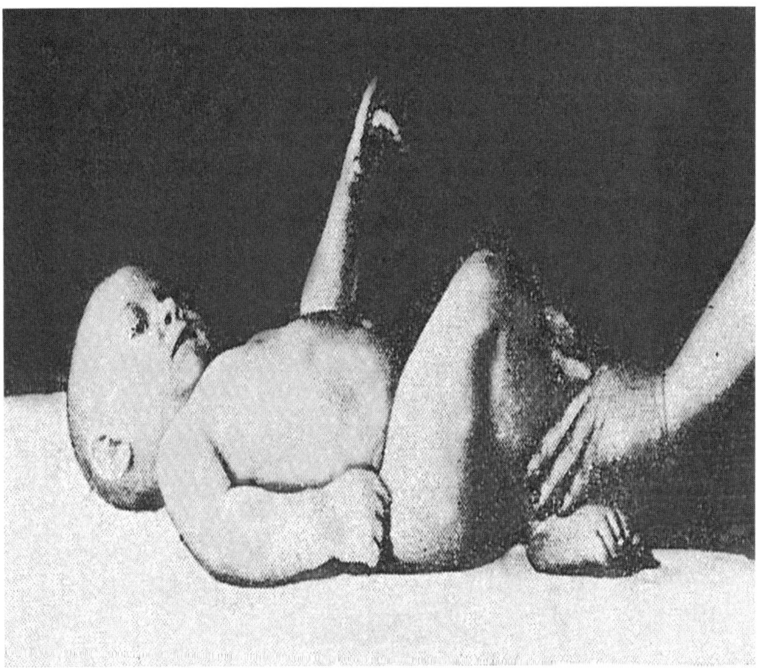

사진 7-15

③ 몸 연습은 계속하고, 등 마사지는 각각 8~10회씩 실시한다. 그 뒤 엎드려 누운 상태에서 반사적으로 척추와 다리를 편다. —

"공중을 날다"—새로운 연습을 한다. 엎드려 누운 아이의 배 밑에 양 손바닥을 넣어 가지런히 든다. 그 다음 공중에 뜬 상태로 아이를 들어올린다. 머리와 다리를 지탱하는 힘을 잃는 것이 반사적으로 척추를 펴게 하고, 머리를 뒤로 젖혀, 허리와 무릎 관절로 다리를 펴게 한다. 이것은 1~2회 실시한다. 이 연습은 목, 등, 다리의 근육을 강하게 하는데 도움이 된다(사진 7－16).

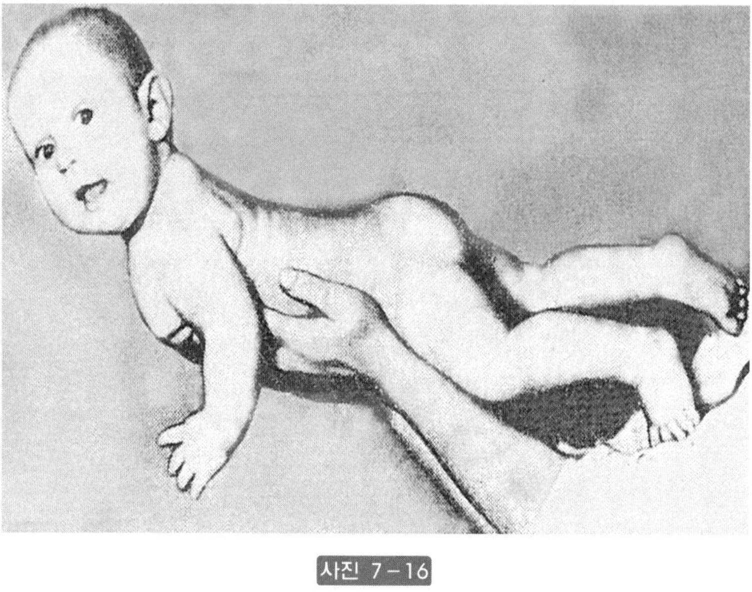

사진 7－16

④ 위로 향하여 눕힌 아이에게 가슴 마사지를 실시한다. 양 손바닥으로 가슴의 앞(흉강)면을 가슴 근육에 따라 갈비뼈에서부터 겨드랑이 아래 움푹 패인 곳을 향해 물 흐르는 것과 같은 동작으로 가볍게 쓰다듬는다. 이것을 4~6회 반복한다(사진 7－17).

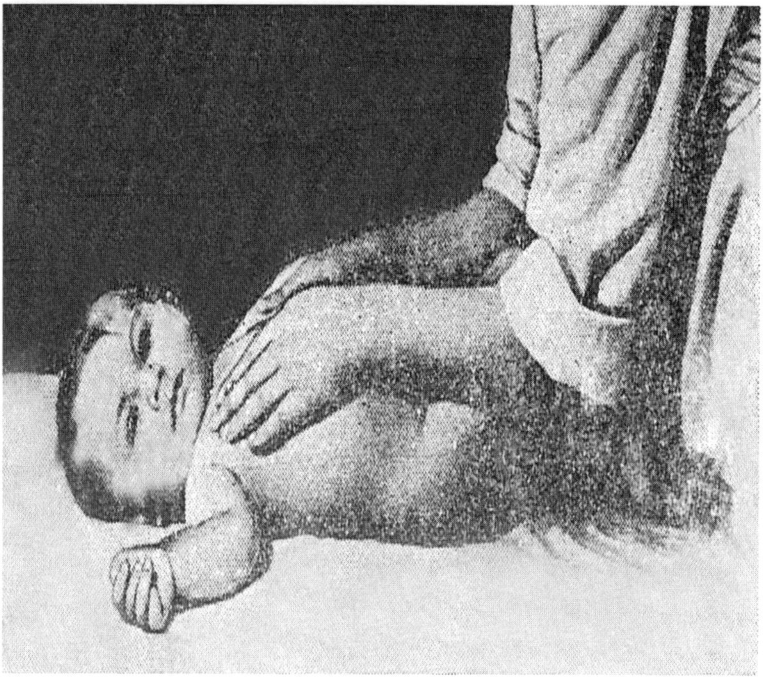

사진 7－17

⑤ 그 후 수동적인 운동－아이의 손을 교대로 번갈아 굽혔다 폈다 한다. 위로 향해 눕힌 아이의 팔등을 잡고 아이의 손바닥에 엄지손가락을 갖다 대고(아이에게 그것을 쥐게 한다.) 번갈아 안쪽 팔꿈치와 어깨 관절을 구부리고 있을 때 또 다른 한쪽 팔은 편다. 이 운동을 6~8회 반복한다. 이 운동은 팔과 어깨 전체의 근육을 강하게 하는 것을 돕는다(사진 7－18).

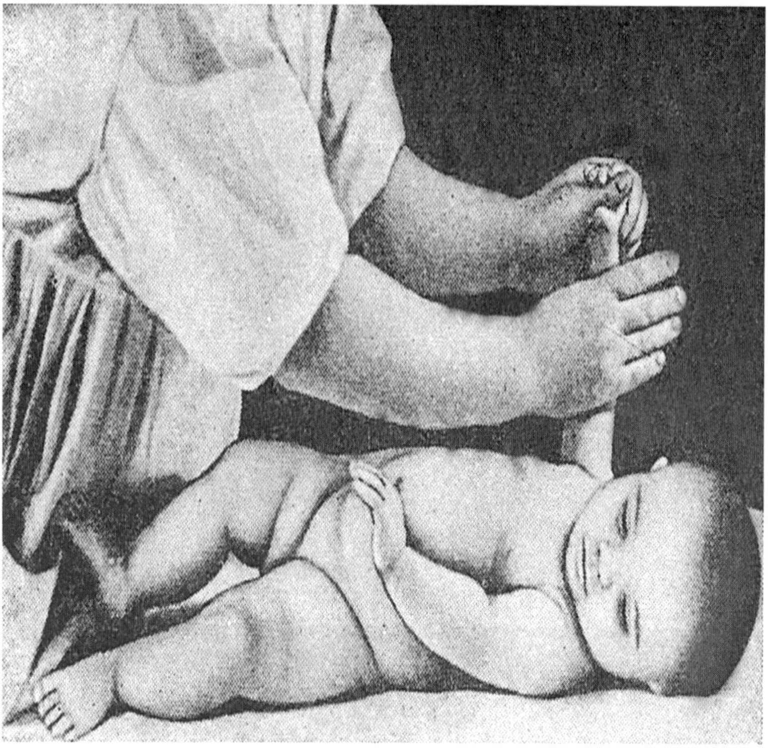

사진 7－18

⑥ 다음 수동적 운동 — 걸터앉히기 — 을 시킨다. 어른이 아이의 팔등을 잡고, 팔꿈치 관절로 구부리고, 양 겨드랑이에서 벌려 가볍게 앞으로 끌어당겨 일으켜 앉힌다. 이것을 2～3회 반복한다. 이 연습은 복근을 강하게 하고 앉는 동작에 친숙하게 한다(사진 7－19).

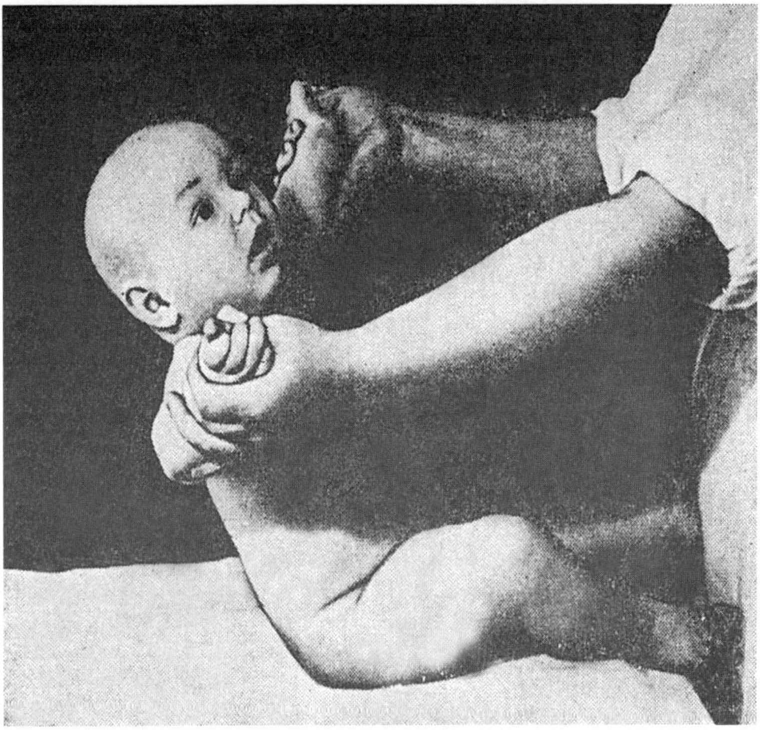

사진 7－19

⑦ 다음 연습 ―뒤집기 ―은 변함없이 실시한다. 그 뒤 수동적인 연습－발을 굽히고 펴는 것을 양쪽 발로 모두 함께 또, 교대루 번갈아 실시한다. 이 연습은 발의 근육을 강화한다. 아이를 위로 향하게 눕힌다. 일직선으로 곧게 뻗은 양쪽 발꿈치 아랫부분을 잡고, 무릎과 허리 관절로 교대로 굽혔다 폈다 한다(사진 7－20). 느린 템포로 시작하여 도보 템포로까지 빠르게 실시한다(6～8회).

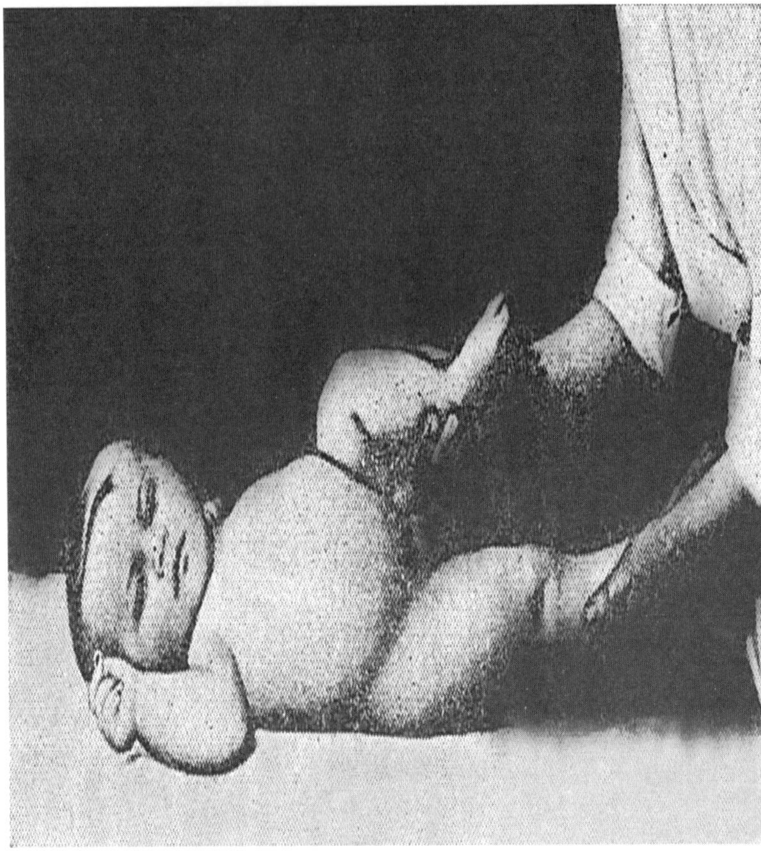

사진 7-20

⑧ 이어서 양 발 무릎과 허리 관절을 구부린다. 구부린 양 발을 가볍게 배쪽으로 당겨 누른 후 다시 곧게 편다. 이 연습은 4~6회 반복한다(사진 7-21).

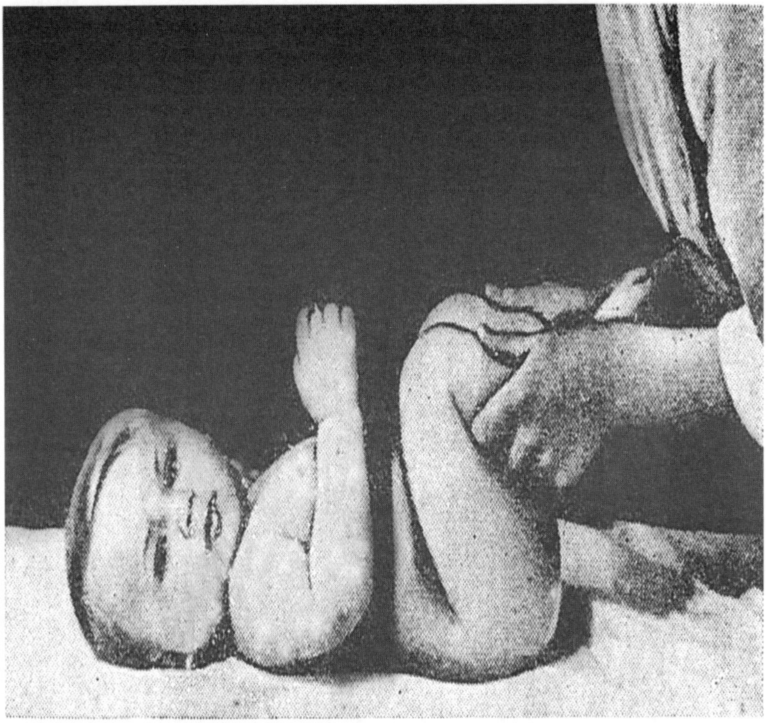

사진 7－21

⑨ 계속해서 몸을 지탱하는 반응을 발달시키고, 평형을 잘 유지하고 그리고 몇 가지 큰 근육군 —어깨, 몸통, 다리 —을 강하게 하기 위한 적극적인 연습을 실시한다. 엎드려 누운 아이에게 어른의 양손 집게손가락을 쥐게 한다. 아이의 팔꿈치를 구부려 가볍게 뒤로 당기고, 아이의 겨드랑이 밑을 지탱하여 일으켜 세운다. 처음에는 무릎으로 다음에는 발로 일어서게 한다. 이 연습을 1～2회 반복한다(사진 7－22).

⑩ 다시 아이를 엎드려 놓고 등 마사지를 실시한다(앞에서 서술함).

⑪ 그리고 난 후 마지막의 적극적인 연습 — 겨드랑이 아래를 지탱하여 앞으로 걷게 한다 — 은 걷는 연습으로 발과 몸통의 근육을 강화하는 목적을 가지고 있다. 아이의 겨드랑이 아래를 지탱하여 자기 앞의 탁자 위에 놓는다. 그리고 자기 쪽으로 움직이면서 걷게 한다. 3~6걸음을 걷는다.

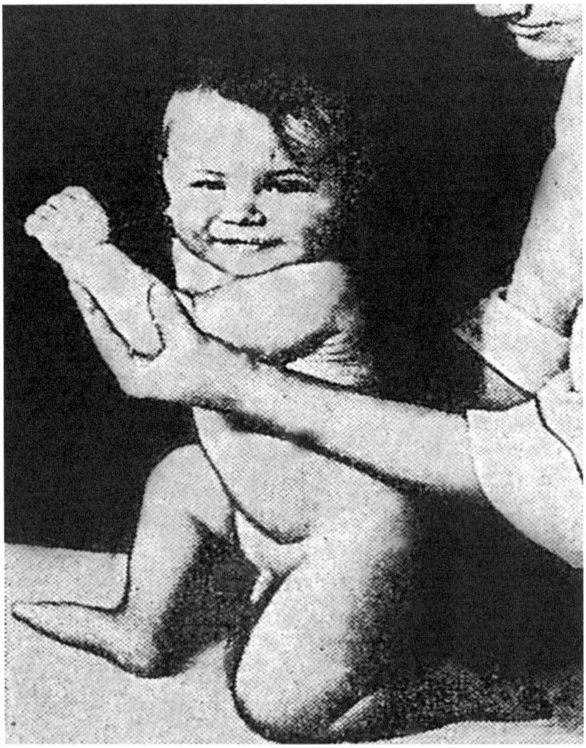

사진 7-22

전체 운동의 계속 시간은 8~10분으로 한다. 그 동안 아이는 알몸으로 이러한 운동과 조합시켜 공기욕을 받는다. 이러한 공기욕의 마무리에 물에 의한 단련법인 전신 냉수마찰, 나아가서 전신 수욕을 하고 그 뒤 부드러운 타월로 마를 때까지 닦고, 의복을 입히고 나서 보행기에서 놀게 하면 유익하다. 전신 마찰 또는 전신 수욕을 위한 물은 35℃까지 따뜻하게 한다.

단련을 목적으로 신선한 공기를 이용하는 것은 주로 낮잠 시간에 한다. 아이가 일년 내내 낮잠 시간마다 신선한 공기 속에서 보낼 수 있도록 노력해야 한다. 여름 동안은 낮잠 뿐 아니라 유모차에서 깨어 있을 때와 마사지와 체조를 할 때도 직사 일광과 바람을 피한 기온 22℃~30℃의 실외에서 보내게 할 수 있다. 아이가 있는 실내 기온은 항상 21℃~20℃의 범위 내로 유지되며, 같은 조건 속에서 옷을 갈아입을 때 단시간의 공기욕과 마사지가 체조 때 좀 더 장시간 공기욕이 실시된다.

생후 5~6개월부터 9~10개월까지는 아이의 생활 규칙은 다시 약간 바뀐다. 수유가 1회 줄게 되며, 이미 아이는 하루에 5회, 야간에 8시간 쉬고 4시간마다 수유하게 될 뿐이며, 밤에 10~11시간 자는 것 외에 낮 동안에 1시간 반~2시간씩 3회 잔다. 하루에 전체 15~16시간 잠을 자게 된다. 아이는 수면시간과 수면시간 사이에 삭삭 대략 2시간~2시간 반씩 4번 깨어 있다.

보통 낮잠은 각 계절 모두 실외에서 실시된다. 아이는 이 연령에서는 깨어 있는 시간을 유모차 안에서 보내기 때문에 이 경우에 실외에 있을 수 있는 것은 여름뿐이다. 깨어 있는 시간은 위생상의 처리, 수유, 단련, 동작의 발달을 재촉하며, 이미 깨우친 것을 몸에 익히는 과업 또, 정서적인 면과 언어의 발달을 돕는 과업을 위해 이용된다.

실내에서의 공기에 의한 단련은 상온(21℃~20℃)의 경우 의복을 바꿔 입을 때 단시간의 공기욕(4~5분씩) 형태로 실시되고, 깨어 있는 시기 중 하나에서 실시되는 마사지와 체조 시간에 다시 한번 장시간의 공기욕 형태로 실시된다.

아이는 이 연령에서 이제 어느 정도 운동 능력이 발달하고 있는 것을 고려하여 연습을 편성할 때는 기어다니고 앉고 일어서는 것을 준비하는 적극적인 운동을 포함시킨다. 이 연령의 아이를 위한 모범적인 편성에는 14개의 연습이 포함되며 이를 모두 합친 시간은 8~10분간이다.

과업은 아이의 호흡을 깊게 하고 쇄골 어깨뼈를 강화하는 것을 도우는 수동적인 연습에서부터 시작한다.

① 우선 맨 처음에 하는 연습은 팔의 회전 운동이다. 위로 향하게 눕힌 아이에게 어른의 엄지손가락을 쥐게 하고 아이의 팔을 일직선으로 펴고 처음에는 밑에서부터 위를 향하며 바깥쪽으로, 다음에는 거꾸로 아래로 향하여 안쪽으로, 어깨 관절로 회전 운동을 한다(사진 7-23). 4~6회 반복한다.

② 그 후 복부 마사지(앞에서 서술함)를 실시하고, 각각 8~12회씩 반복한다.

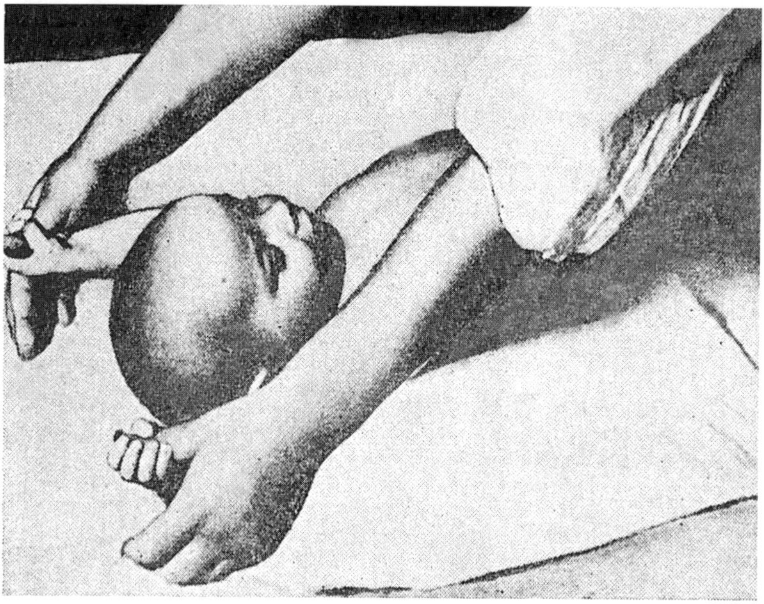

사진 7－23

③ 다음으로는 배와 다리의 근육 조직을 강화하는 적극적인 연습 —곧게 쭉 편 다리를 들어올린다 —을 실시한다. 어른의 엄지손가락을 위로 향해 누운 아이의 정강이 안쪽 부분에 대고 다른 손가락은 무릎 관절을 고정하는 형태로 잡는다. 무릎을 곧게 편 다리를 수직으로 올렸다 내렸다 한다(사진 7－24). 이 연습은 4～6회 반복한다.

④ 아이의 상태를 변경하지 않은 채 발끝 마사지를 4～6회 반복하여 실시한다(앞에서 서술한 것을 참조).

⑤ 이어서 아이의 다리를 누르기만 하며 몸을 뒤척이게 한다(앞에서 서술한 것을 참조).

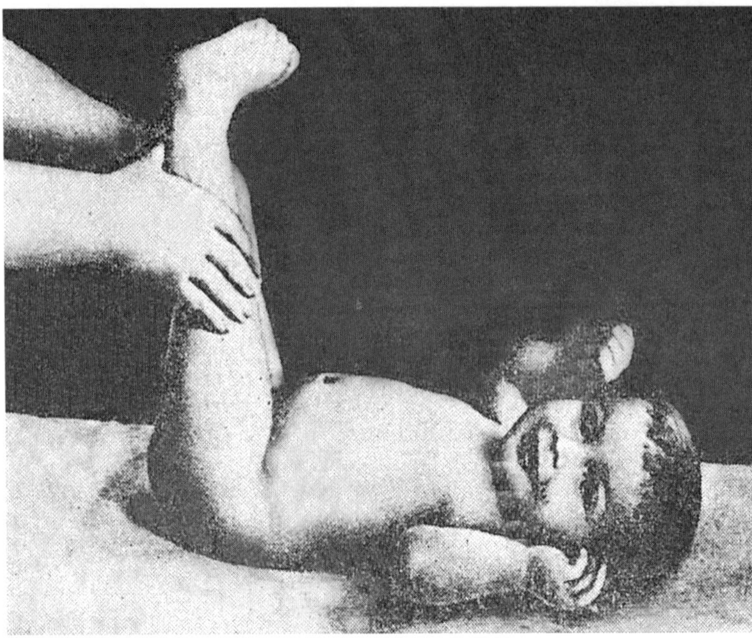

사진 7－24

⑥ 계속 연이은 수동적인 연습은 등과 어깨의 근육을 강화하고자 하는 것이기 때문에 어깨뼈가 굽을 때까지 어깨를 뒤로 당긴다. 뒤집어 누운 아이에게 어른의 엄지 손가락을 잡게 하고 아이의 손을 앞으로 똑바로 일직선으로 편다. 이 때 아이의 머리는 책상 위로 약간 들어 올린다(뒤로 젖힌다).

⑦ 다음 아이의 양 팔꿈치를 동시에 구부리고 아이의 어깨를 어깨뼈에 가장 가까운 곳까지 뒤로 당기면서 구부린 팔을 가슴의 겨드랑이로 밀어 붙인다. 이 연습은 1~2회 실시한다(사진 7-25).

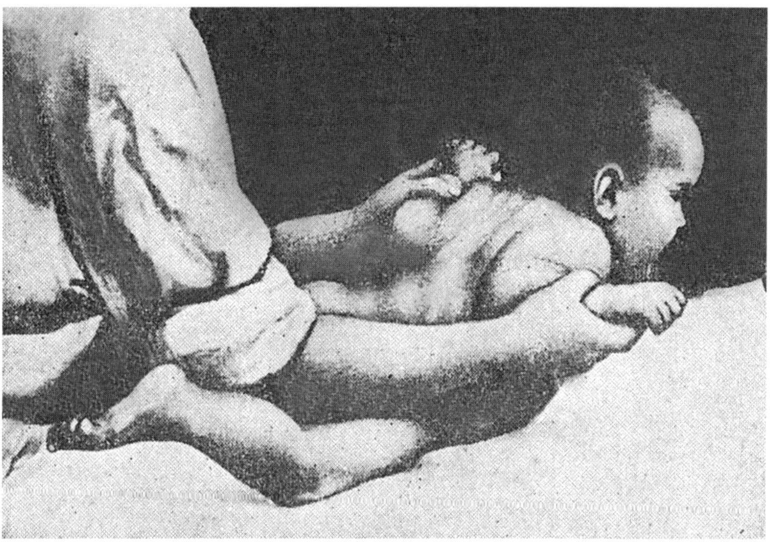

사진 7-25

⑧ 연이어 계속 가슴 마사지를 6~8회씩 반복하여 실시한다.

⑨ 그 뒤 팔과 어깨 근육을 강화하는 수동적, 적극적인 연습 — 눕거나 또는 앉은 상태로 아이의 팔을 번갈아 교대로 굽혔다 폈다 한다 — 을 실시한다. 아이를 위로 향하여 눕히거나 또는 앉힌다. 어른이 아이의 손가락을 잡고 아이 팔을 번갈아 팔꿈치와 어깨 관절로 굽혔다 폈다 한다. 이것을 6~8회 반복한다.

⑩ 연이어 계속 어깨의 근육, 배의 근육(복근), 팔의 굴근(屈筋)을 강하게 하고, 혼자서 앉을 수 있도록 돕는다. — 팔꿈치를 구부린 아이를 끌어당겨 걸터 앉힌다 — 적극적인 연습을 실시한다.

위를 향하여 누운 아이가 어른의 양손 집게손가락을 쥐게 하고 아이의 손바닥이 가슴 쪽으로 향하게 한다. 팔꿈치를 구부린 아이의 팔을 가볍게 끌어당겨 일으켜 세워 앉힌다(사진 7-26). 이 연습을 1~2회 실시한다. 그 다음에 다리를 누르는 것만으로 돌아 눕게 한다.

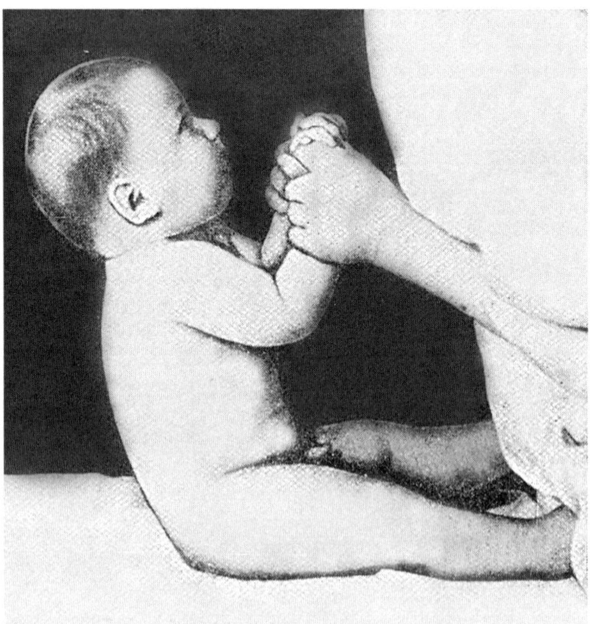

사진 7-26

⑪ 그 다음의 적극적인 연습은 등과 목과 다리의 근육을 강화하여

일어서는 것에 익숙해지도록 하는 것으로 아이가 자기 다리로 서도록 끌어 올려 아이의 손가락을 받친다. 기는 아이에게 어른의 집게손가락을 잡게 한다. 아이의 팔 관절과 어깨 관절을 완전히 펴고 앞으로 일직선으로 벋쳐 조금씩 뒤쪽으로 끌어당기며, 책상 위로 조금 들어올린다. 이렇게 하여 처음에는 무릎으로 서게 하고, 그리고 난 후 다리로 서게 한다. 이 연습을 1～2회 실시한다.

⑫ 계속해서 실시하는 두 가지 연습은 이동하는 것에 익숙해지도록 하는 것이다. 수동적이고 적극적인 연습 —어른이 도와 주어 긴다—은 다리와 배와 등의 근육을 강화하는 것에 도움이 된다. 아이를 엎드려 기게 하여, 허리와 무릎 관절을 구부린다. 어른이 손바닥으로 아이 다리 안쪽을 가볍게 누르고, 아이는 다리를 일직선으로 편다. 이러한 상태로 앞으로 나아간다. 아직 익숙하지 않은 처음 동안은 아이의 가슴 아래에 손을 넣어 아이가 앞으로 나아가는 것을 도와준다. 이 연습을 4～6회 반복한다(사진 6－27).

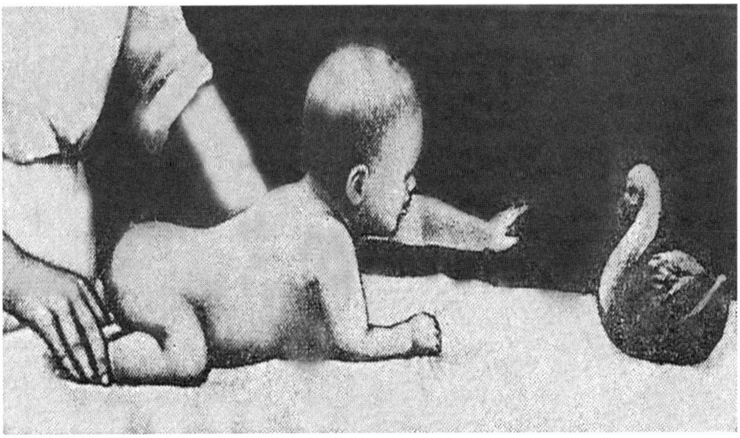

사진 6－27

⑬ 적극적인 연습 —손가락을 지탱하며 걷는다 —은 다리와 몸통의 근육조직을 강하게 하여, 걷는 것에 익숙해지도록 하는 것이다. 어른이 팔꿈치를 구부린 아이의 손가락을 잡고 책상 위에 세워 가볍게 끌어 일으키면서 다리를 움직이게 하여 5~8걸음 걷게 한다. 이 연습을 1~2회 실시한다.

⑭ 과업의 마지막에는 물에 의한 처치 — 몸 전체를 닦거나 35℃ 이내의 따뜻한 물을 끼얹는다 —를 한다. 그 후 몸이 마를 때까지 닦고, 옷을 입힌다.

이 연령에서의 신체 훈련은 아이가 어른의 말을 이해할 수 있게 하기 위해 그에 상응하는 말 —"앉아라", "일어서라", "걸음마" —을 사용한다.

9~10개월부터 1년까지의 시기에는 아이의 생활 규칙이 다시 변화된다. 이 시기에는 이유를 하고, 하루에 5번 식사를 시킨다. 아침 식사 2회, 점심 식사, 가벼운 점심 식사, 저녁 식사, 식사와 식사 사이는 대개 평균 3시간 반~4시간 간격을 둔다.

아이의 수면이 합계 14시간 반~15시간으로 단축된다. 이 때 야간의 수면시간은 적지 않게 하고 —아이는 밤에 10시간~11시간 잔다 —낮에는 2시간~2시간 반씩 2회 자게 한다. 아이가 깨어 있는 시간은 하루에 9시간~9시간 반이고, 대개 수면에 따라 3가지를 평균한 시간으로 구분된다.

이 무렵에 아이는 신경 · 심리적 또는 육체적으로 상당히 발달한다. 아이는 훨씬 활동적이 되며, 깨어 있을 때 여러 가지 활동을 하기 때문에 끊임없이 어른의 주의를 필요로 한다.

칸막이 침대 또는 칸막이 침대 밑에 설치된 침대로서는 아이를 만족시킬 수가 없다. 아이를 마루에 내려놓아야 한다. 이 때문에 가정에서는 마루에 프란넬 모포를 깔고 아이가 그 위에서 놀고, 기어다니고, 뛰어넘고, 걷는 연습을 하게 해야 한다. 이 때문에 보육시설에서는 판자로 칸막이를 하며, 프란넬 모포나 기름포대기를 깐다.

9개월~1년이 된 아이를 위한 연습 편성의 한 예를 들어 보자. 이 시기의 아이에게 연습을 시킬 경우에는 특히 동작 하나하나의 명칭을 말하면서 이야기하는 것이 중요하다.

① **고리를 사용한 팔의 회전 운동**(수동적인 연습) : 위로 향해 누운 아이의 손에 그다지 크지 않은 2개의 고리를 주고, 어른도 동시에 그 고리를 잡고 아이의 뻗친 손을 이쪽 저쪽으로 원형으로 번갈아 움직인다. 이 연습을 4~6회 반복한다.

② 각각 실시하는 방법을 6~8회 반복하여 복부 마사지를 한다.

③ **엎드려 누운 상태에서 고리를 잡고 일어난다** : 이 적극적인 연습은 아이의 어깨, 다리, 몸통, 근육을 강화하는데 도움이 된다. 배를 깔고 엎드린 아이의 양손에 고리를 주고 그것을 잡아당기면서 아이의 손을 머리 위로 쭉 펴고 그것을 조금씩 뒤로 잡아당긴다. 아이를 이렇게 처음에는 무릎으로 그 다음에는 발로 서게 한다.

④ **서 있는 상태에서 몸통을 굽혔다 펴기** : 이 적극적인 연습은 등과 배의 근육을 강화하고, 몸 전체 근육의 움직임이 균형있게 발육하는 것을 돕는다. 아이를 어른에게 등을 기대고 서게 한다. 아이의 발 아래에 집기 쉽고 확실한 장난감을 놓아 둔다. 어른이 아이의 무릎을 왼손으로 받치고 동시에 오른손으로 아이의 복부를 떠받친다. 아이에게 "장난감을 잡아라"고 권한다. 아이는 몸을 구부려 장난감을 쥐고 다시 똑바로 일어선다. 2~3번 반복한다(사진 7-28).

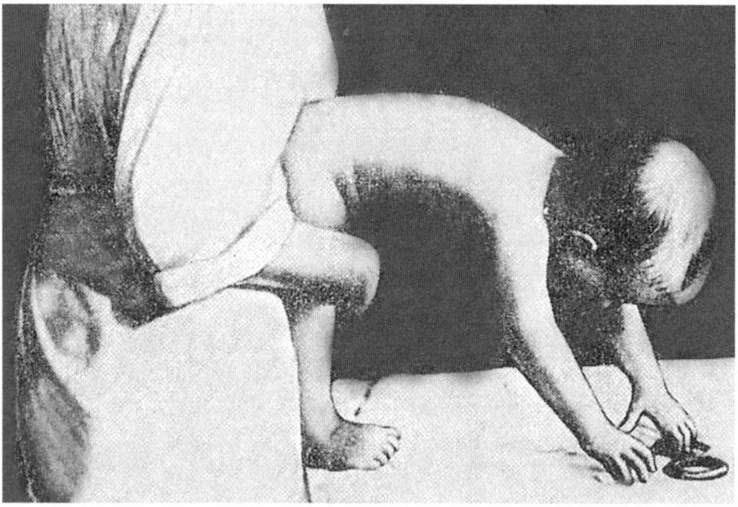

사진 7-28

⑤ **아이를 앉힌다** : 복근과 등 근육을 강화하고 혼자서 앉는 것에 익숙하게 하기 위한 적극적인 연습이다. 위로 향해 누운 아이의 무릎 부분을 누른다. 아이에게 "앉아라, 앉아라"라 하며 장난감을 가리키

면서 혼자서 앉게 한다. 이 연습을 2~3회 반복한다.

⑥ **일어선 채로 팔을 굽혔다 펴기** : 팔의 굴근과 신근을 강하게 하는 적극적인 연습이다. 아이를 어른 앞에 세우고, 양손에 고리를 준다. 고리를 가볍게 잡아 당겨 아이의 손을 앞으로 펴게 하고, 이어서 팔꿈치 관절을 구부리게 한다. 이 운동을 6~8회 반복한다.

⑦ **고리를 잡고 웅크리기** : 몸통, 다리, 팔, 어깨 근육을 강하게 하기 위한 적극적인 연습이다. 아이를 어른 앞에 서게 하고 팔꿈치를 굽힌 아이의 양손을 잡고 "웅크려, 웅크려"라고 하면서 아이가 웅크리게 한다. 아이가 웅크리면 다시 일으켜 세운다. 2~3회 반복한다(사진 7-29).

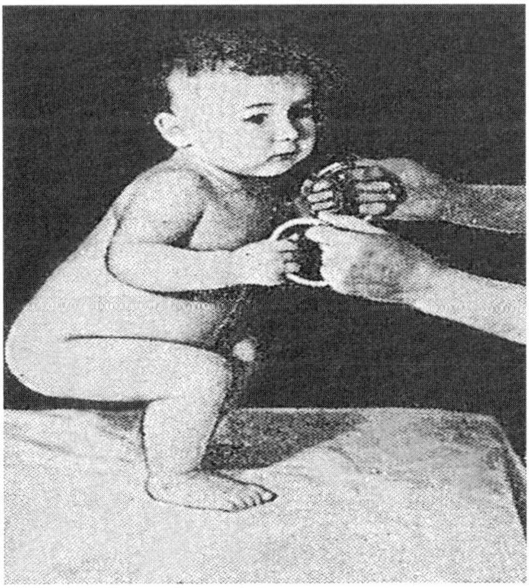

사진 7-29

⑧ **고리를 잡고 앉기** : 어깨 근육, 팔의 굴근, 복근을 강화하고, 혼자서 앉는 것에 익숙하게 하기 위한 적극적인 연습이다. 아이를 위로 향하게 눕히고 가슴으로 밀착시킨 양손에 고리를 잡게 한다. 어른이 가볍게 고리를 잡아당기고, "앉아, 앉아"라고 말하면서 아이를 앉게 한다. 아이가 앉으면 다시 또 눕힌다. 이 연습을 2~3회 반복한다.

⑨ **붙잡고 걷기** : 혼자서 걷는 것에 익숙하게 하기 위한 적극적인 연습이다. 아이를 마루에 세우고 양손으로 보행기 또는 유모차를 잡게 한다. 보행기를 조심스럽게 움직이면서 아이가 보행기 뒤에 붙어서 발을 움직이게 하며, 이어서 아이가 혼자서 걸으면서 보행기를 움직이게 한다. 이 연습 시간은 1~2분간으로 한다. 며칠 후에는 아이의 한 손에 장난감을 주고 또 다른 한 손으로 보행기를 잡게 한다. "걸음마! 걸음마!"라고 말하면서 아이를 이동시킨다.

과업 전체의 총 시간 따라서, 전신 공기욕의 총 시간은 10~15분으로 한다. 아이에게 그 후 물에 의한 전신적인 처치 ―습포 마찰 또는 35℃ 이내의 따뜻한 물을 뿌린다―를 실시하고, 마를 때까지 닦고 나서 옷을 입힌다.

매일 또는 격일제로 그 이상 간격을 두지 않고 실시하는 물에 의한 조직적인 처치는 10~14일 동안 서서히 수온을 내려 28℃까지 내린다. 그리고 생후 1년까지는 온도를 그대로 유지한다. 물에 의한 처치에 대한 설명은 앞에서 서술하였다.

결국 생후 1년 미만의 아이의 단련에 관해서 서술한 것은 다음과 같이 종합할 수가 있다.

아이가 생활을 하는 곳은 매일 청소를 하고, 실온은 22℃～20℃의 범위 내로 유지하면서 자주 환기를 시켜야 한다. 아이에게는 매일 옷을 갈아입고 기저귀를 갈 때 하루에 4～5회 단시간의 공기욕(3～4분씩)을 시켜야 한다. 공기욕은 생후 1개월 반에서부터 시작하여 점점 연장하고 마사지와 체조를 조합시킨다. 연습의 조합은 아이의 나이와 발육을 고려한 아동 상담소 의사의 의견에 따른다.

아이의 낮잠은 기온 영하 10℃에서 +30℃까지의 경우에는 하루에 2～3회 실외에서 실시한다. 아이가 깨어 있을 때는 여름에는 실외의 유모차 안에서 그리고 겨울에는 환기가 잘 되는 실내에서 보내게 한다.

태양의 분산광선에 의한 공기 일광욕(여름 동안) 시간을 처음에는 3～4분간에서 점차 10분까지 연장한다. 생후 1주일 이내의 아이는 수온 28℃의 물로 얼굴과 손을 씻고, 1년이 지날 무렵이 되면 점차 수온을 20℃까지 내린다.

전신을 물로 닦거나 물을 끼얹는 것은 마사지나 체조 후에 수온 35℃의 물로 한다. 생후 11～12개월된 아이에게 물을 끼얹고 있는 경우는 끼얹는 물의 수온을 28℃까지 서서히 내려갈 수 있다.

매일 밤잠을 자기 전에는 수온 37℃나 36℃의 물로 5～6분간 입욕을 시키고, 마무리로 수온 35℃나 34℃의 물을 끼얹는다. 입욕을 반복함에 따라 수온을 내리지는 않는다.

2. 1세아에서 3세아까지의 단련

1년 미만의 아이에게 특별히 현저하게 나타나는 발육은 1세부터 3세까지의 연령에서도 계속된다. 아이는 이 기간에 많은 능력을 몸에 익히고 완성시킨다. 아이 일과의 적정한 편성, 아이의 활동을 이 연령에서는 주로 놀이 활동이 아이의 전면적인 발육의 기본이다.

1세에서 3세까지의 아이는 하루에 4번(조식, 중식, 간식, 석식) 식사를 한다. 아이의 중추신경 조직 활동 능력이 높아지기 때문에 깨어 있는 시간이 길어지게 되고 낮잠 시간이 다소간 짧아지게 된다. 1세 반까지의 아이는 2시간 반~1시간 반씩 2회 낮잠을 자고 야간 수면 시간의 길이는 10~11시간 정도이다.

공기에 의한 단련은 생후 1년 미만과 마찬가지로 주로 낮잠 시간에 실시된다. 그러나 아이가 걸을 수 있게 됨에 따라 깨어 있을 때 실외에서의 산책 시간에 하는 경우가 많아지게 된다. 아이가 깨어 있는 시간의 대부분은 운동과 활동적 놀이를 한다.

그러나 이 연령의 아이는 체육을 실시할 경우에는 아직 근육을 장시간 긴장시키고 있을 수가 없고 금방 피로해지기 때문에 운동의 성질을 자주 바꿀 필요가 있다는 사실을 기억해야 한다. 그 때문에 운동을 놀이와 결합시키는 것이 필요하다.

운동의 과업은 아이가 걷고, 기어오르고, 던질 수 있게 되어 운동의 평형이 좋아지고 운동 반응이 신속해지는 것을 목표로 한다. 과업 시간에는 아이에게 경쾌한 복장을 하게 하고(소매가 없는 셔츠, 바지, 굽 없는 구두) 동시에 공기욕을 받게 한다. 운동과 활동적인 놀이에 가장 좋은 시간은 아침 식사 후 30~40분이 지난 아침 시간이다.

실내를 미리 자주 환기시켜 실내 기온을 평균 17℃~19℃로 유지한다. 따뜻한 계절에는 실외에서 과업을 실시한다. 어떤 체조를 실시하기 위해서는 가정에서도 구비할 수 있을 정도의 간단한 용구가 필요하다. 그것은 먼저 첫째 앉거나, 마루 위를 기는 연습을 위한 깔개, 걷거나 평형 감각을 잘하기 위한 기름포나 베로 된 좁은 길, 폭 30~35m, 길이 1.5~2m의 매끄럽게 대패질을 한 판자, 기어오르는 연습을 위한 상자와 목재의 사다리 계단, 작은 공을 던져넣기 위한 바구니와 고리와 작은 망, 체조용 막대봉, 각각의 연습을 위한 고리이다.

과업은 어른이 지도하고 놀이 형태로 하며, 언어로 지시 —이야기하고, 운동을 실연 — 한다. 종합적인 체조 중에는 골격이나 근육조직이나 관절을 튼튼히 하는 연습, 아이의 자세를 좋게 하는 — 상체와 머리를 바르게 유지하는 습관, 아름답고 바르게 걷는 방법 —연습에 들어간다. 좋은 자세는 아이의 모습과 태도를 정돈할 뿐만 아니라 내부 모든 기관의 정상적인 작용 —정상적인 혈액 순환, 호흡, 소화 — 을 용이하게 한다.

올바르게 조직되어 계통적으로 실시되는 과업은 보통, 고양이 모양의 등이나 기타 척추가 휘어진 것과 편편한 발, 날구를 막는나. 보육시설에서 1년 이상이 된 아이의 과업을 실시할 경우에는 3~4명씩 적절한 소그룹으로 구성된다. 과업을 지도하면서 각 아동의 개성을 고려하는 것은 특히 중요하다. 흥분하기 쉽고 활동적인 아이들에게 연습을 하게 하고, 내성적이고 조용한 아이들에게 그것을 보여 준다. 보육자는 꾸물거리고 활발하지 않은 아이에게는 훈련을 도와 주고, 힘내라고 격려해 준다. 만약 아이가 너무 내성적일 때는 개별적으로 미리 가르칠 필요가 있다. 그리고 아이가 운동을 파악하고 나서 두려워하는 것을 극복하기 위해 그룹 전체와 함께 하도록 가르쳐야 한다.

과업은 정해진 시간보다 길어지지 않도록 한다. 아이가 과도하게 피곤하지 않게 하기 위해 연습과 연습 사이의 시간을 지킨다. — 운동은 휴식에 의해 구분된다. 이 나이 무렵의 아이에게 특유한 주의력이 금방 없어지는 것, 새로운 운동을 생각할 때에 근육이 지나치게 긴장하는 것, 인내와 자제가 충분하지 않은 것, 또 흥분하기 쉬운 것이나 기분이 바뀌는 것 —이런 모든 특성은 아이 한 사람 한 사람에 대한 보육자의 세심한 주의와 실시되는 과업에 대한 특별한 주의력을 필요로 한다.

과업의 내용은 여러 가지이지만 여기에서는 제 에스 우와로와와 엘 게 소로체크가 추천하는 연습을 서술해 본다. 1년~1년 2개월된 아이에게는 6가지의 연습을 조합하여 실시한다.

① **걷는 연습을 위하여** : 목적으로 향하여 걷는다. 어머니(또는 보육자)는 아이를 향해 서서 아이를 자기 쪽으로 불러들인다. 처음에는 아이에게 3~6m 거리를 걷게 하고, 매일 그 거리를 점점 길게 하여 10m나 그 이상으로도 한다. 이 연습을 2~3회 반복한다(사진 7－30).

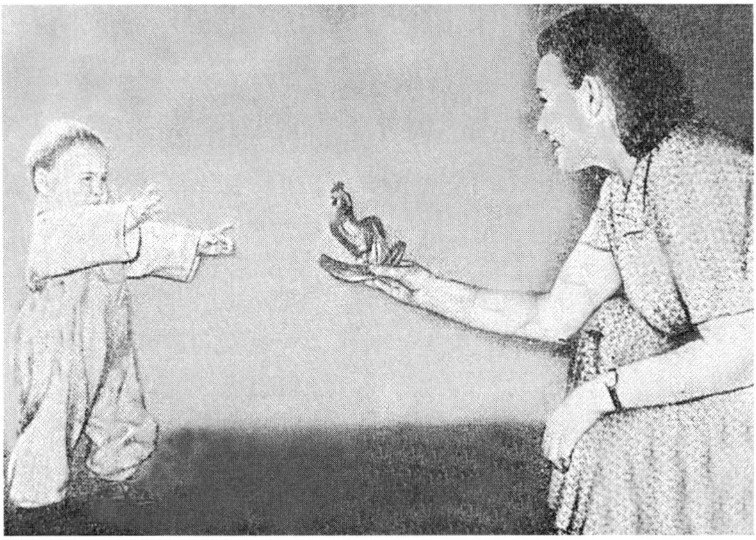

사진 7-30

② **척추 근육을 강화하고 손발의 운동을 균형있게 하여 기는 연습을 위하여** : 상자 안으로 기어 들어가고 기어 나와 선다. 가로 세로 50cm, 높이 10m의 상자 속에 장난감을 놓고 아이에게 상자 속으로 기어 집어서, 그것을 마루 위로 옮기고 나서 상자를 기어 나와 다시 장난감을 집어 탁자(높이 45cm) 위에 놓게 한다. 이 연습을 2~3회 반복한다.

③ **견갑골(어깨뼈), 쇄골, 몸통, 다리 근육을 강하게 하기 위하여** : 고리 또는 막대기를 잡고 웅크렸다 일어섰다 한다. 아이에게 양 손으로 위로부터 잡게 한 고리를 어른이 다른 쪽에서 지탱한다. 어른은 동작에 따라 "앉으세요, 일어서세요"라고 말하면서 아이와

함께 웅크렸다 일어섰다 한다. 이 연습은 3~4회 실시한다.

④ **몸통, 손발의 근육을 강화하고 기민함, 주의력, 판단력을 발달시키기 위하여** : 마루에서부터 30cm 높이에 놓여진 판자(또는 작은 책상)의 아래를 기어나가 일어선다. 판자(또는 책상)의 한쪽 편 마루 위에 장난감을 갖다 놓고 아이를 반대쪽에 서게 한다. 판자 아래를 기어나가 장난감을 집고 똑바로 서서 그것을 높이가 45cm 되는 의자 위에 놓게 한다. 이 연습은 2~3회 반복한다(그림 7-1).

그림 7-1

⑤ **무엇을 넘거나 운동의 평형, 기민함, 주의력을 발달시키기 위하여** : 마루에 둔 막대기를 넘어선다. 어른이 아이에게 막대기를 넘도록 지시하는 말을 하면서 시범을 보여주고 난 뒤 아이가 막대기를

넘는 것을 손을 잡고 도와 준다. 잠시 후에 아이를 도와 주지 않고 2~3회 반복하여 연습시킨다(그림 7-2).

그림 7-2

⑥ **주의력을 발달시키고, 손의 근육을 강화하기 위하여** : 커다란 공을 사용하여 연습한다. 공을 아이의 양손에 쥐게 하고 자기 앞에 있는 마루에 던지게 한다. 이 연습을 2~3회 반복한다.

이러한 체조의 조합은 매일 같은 시간에 실시한다. 보육시설에서는 과업을 소그룹(3～4명)으로 실시한다. 한 그룹의 아이들이 과업을 하는 동안 다른 아이들에게는 조용한 놀이를 시킨다. 아이들을 그룹으로 나눌 때는 나이보다 오히려 아이의 운동발달 정도 ―아이가 할 수 있는가, 어떤가 ―에 따른다.

만약 보육시설에서 아이가 깨어 있는 시간 내에 한꺼번에 전체 아이들의 과업을 끝낼 수 없는 경우에는 일부 그룹의 아이들에게는 다른 시간에 과업을 실시한다. 과업을 계속하는 총 시간은 8～10분간이다. 여름에는 실외에서 과업을 실시한다.

아이의 과업을 계통적으로 실시하면 아이들은 그것을 잘 익혀서 운동을 완성한다. 반드시 아이가 모든 연습을 똑같이 잘 터득할 수 없는 경우가 자주 있다. 이러한 경우에는 아이가 깨어 있는 다른 시간에 매일 실시되는 과업 이외에 놀이 형태로 별도 편성된 체조를 반복한다. 1년 2개월부터 1년 6개월까지의 아이에게는 별도로 편성된 체조를 총 8～10분간 실시한다.

① **평형 감각과 주의력을 발달시키기 위하여** : 마루에 둔 판자를 따라 걷는다. 판자(폭 30～35cm, 길이 1.52m)의 한쪽 끝에 선명한 장난감을 놓아두고, 아이로 하여금 반대쪽 끝에서 판자 위를 걸어서 장난감을 잡게 한다. 처음에는, 한쪽 다리씩 바짝 다가가도 좋지만 나중에는 발을 교대로 번갈아 움직여 가게 한다. 심히 겁을 내는 아이는 처음에 손을 가볍게 잡아준다. 이 연습은 2～3회 반복한다.

② **몸통, 손발의 근육을 강화하고, 공간에서의 방향 감각, 기민함,**

주의력, 판단력을 발달시키기 위하여 : 고리를 사용한 연습. 어른이 고리를 한 개 또는 2개(너무 간격을 많이 두지 않고) 가지고 고리 건너편 마루 위 아이가 보이는 곳에 선명한 장난감을 갖다 둔다. 아이가 고리 안을 기어 나와 장난감을 잡고 의자(높이 45cm) 위에 놓게 한다. 이 연습을 2회 실시한다(그림 7－3).

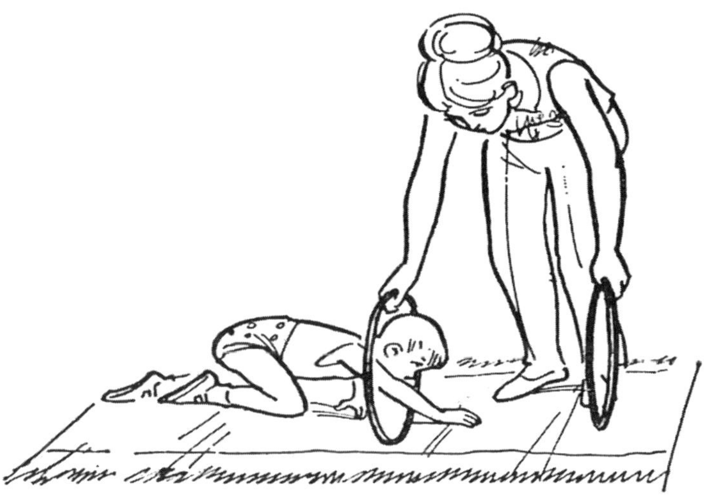

그림 7－3

③ **견갑골, 쇄골의 근육을 강화하고, 주의력과 밀치는 힘의 발달을 위하여** : 큰 공을 양 손으로 누르고, 흔들어 움직인다. 아이 머리보다 조금 위에 직경 15～20cm된 공을 넣은 망을 매단다. 아이에게 공을 밀치게 한다. 이 연습은 3～4회 반복한다(그림 7－4).

그림 7-4

④ **견갑골, 쇄골 근육을 강화하고 주의력을 발달시켜, 던지는 운동을 능숙하게 하기 위하여** : 작은 공을 멀리 던진다. 아이가 쥐기에 적당한 크기의 공을 몇 개 작은상자 안에 넣어 마루 위에 놓아 둔다. 아이에게 오른손으로 공을 잡게 하고 "높이 들고, 멀리 던져"라고 시킨다. 이 연습은 2~3회 반복한다.

1년 5개월~1년 6개월된 아이에게는 앞에서 서술한 ②와 ③의 연습 사이에 다음과 같은 것을 추가하여 2가지 더 실시한다.

① **평형 감각, 기민함, 용감함을 기르기 위하여** : 경사가 진 판자 위를 걷는다. 판자(폭 30~35cm, 길이 1.5~2m)의 한쪽 끝을 마루에서 10~15cm 높게 들어올린다. 아이에게 높은 쪽 끝에서 낮은 쪽으로 한 발씩 바싹 다가오거나 또는 발을 교대로 밟고 판자 위를 걷게 한다. 이 연습은 2~3회 반복된다. 겁이 많은 아이는 처음에는 손을 잡아준다.

② **등 근육과 배 근육을 강하게 하기 위하여** : 앉은 채로 몸통을 앞으로 기울인다. 아이를 깔개 위에 앉게 하고, 각 손에 적목을 쥐게 한다. 아이에게 가능한 한 적목을 높이 쌓게 하고, 그 다음 그것을 발쪽에 두게 하고, 등을 일직선으로 곧게 펴고 앉게 한다. 다시 적목을 잡고 높이 들어 올리고 나서 그것을 등 뒤로 숨긴다. 그것을 2~3회 반복한다.

과업은 매일 실시한다. 개별적인 연습은 깨어 있는 다른 시간 중 놀이 때 반복하면 몸에 익히는 것이 빠르다.

체조가 끝나면 아이에게 조용한 놀이를 시키거나 산책을 하러 나간다. 여름에는 가벼운 복장 그대로 두지만 겨울에는 소매가 있는 원피스나 윗옷을 입히고 양말을 신긴다.

1세 반 이상의 아이는 더 인내할 수 있게 되어 5시간~5시간 반 동안 계속해서 깨어 있을 수 있다. 육체적으로 튼튼하고 건강한 아이라면 1세 반에서 취학 전까지 계속 낮에는 식사 후에 1회 수면을 취하고, 하루에 4번 식사를 하게 된다(아침 식사, 점심 식사, 간식, 저녁 식사).

1세 반부터 3세까지의 아이는 밤에는 10~11시간, 낮 동안은 2시간 반~3시간 동안 잔다. 낮잠은 실외에서 자게 하고, 밤에는 환기를 잘 시킨 방에서 자게 한다. 아이가 깨어 있는 시간은 점점 변화가 풍부하며, 전면적인 발육을 재촉하는 여러 가지 놀이를 하게 된다. 과업으로 실시되는 조합된 각각의 연습이 아이의 활동적인 놀이 시간과 산책 때에 반복되도록 고려하고, 보육시설에서의 그룹별의 체조 과업은 격일로 실시해도 좋다.

1세 반에서 2세까지의 아이는 보육시설에서 6~8명씩 과업을 위해 한 조가 된다. 과업은 12~15분간 실시한다. 각 아이가 항상 같은 시간에 과업을 하도록 조직하는 것(그룹 구성을 바꾸지 않는다)이 매우 중요하다. 만약 보육자가 한 그룹에는 아침 식사 후 30분에서 산책을 할 때까지 사이에 과업을 시키면 또 다른 그룹에게는 낮잠 직후에서 간식때 까지의 사이에 과업을 실시하면 좋다.

각 아이들이 격일로 과업을 실시하도록 고려하면서 두 그룹에 항상 같은 시간에 교대로 과업을 시킬 수 있다. 아이에게 과업을 시키는 보육자는 각 아이의 개성을 고려하여 활발하지 않은 아이에게는 적극성을, 흥분을 잘하는 아이에게는 안정과 인내를 키우는 것을 돕는다.

1세 반부터 2세까지의 아이를 위한 체조 편성의 예를 인용해 보자.

① **평형 감각, 기민함, 용기를 기르기 위하여** : 마루에서 높이 1

5~20cm에 수평으로 들어올린다. 혹은 한쪽 끝은 마루에서 20~25cm의 높이로 하고, 또 다른 한쪽은 마루에 두어 비스듬하게 고정시킨 폭 25cm의 판자 위를 걷는다. 이 연습은 2회 반복한다.

② **무엇을 넘거나, 운동의 균형, 주의력, 기민함을 증대시키기 위하여** : 마루 위 12~18cm의 높이에 걸친 막대나 끈을 뛰어넘는다. 끈으로 가까이 다가간 아이에게 한쪽 발로 그것을 넘게 하고, 그리고 나서 방향을 바꾸어 또 다른 쪽 발로 넘게 한다. 2~4회 반복한다.

③ **등 근육과 배 근육을 강화하기 위하여** : 아이의 허리 관절 높이에 수평으로 고정된 막대를 넘어 몸통을 앞으로 구부린다. 보육자(또는 어머니)는 아이에게 아이 앞의 마루에 놓아둔 장난감을 잡아 그것을 머리 위로 높이 올리게 하고, 그리고 나서 다시 마루에 놓게 한다. 2회 반복한나.

④ **견갑골과 쇄골의 근육을 강화하기 위하여** : "새가 날개를 치다" 놀이를 한다. 양 겨드랑이에서 팔을 들어올려 아래 위로 흔들게 한다. 이 연습은 3~4회 반복된다.

⑤ **배 근육을 강화하기 위하여** : 일직선으로 똑바로 편 다리를 올린다. 깔개 위에 아이를 위를 보고 향하도록 눕히고 곧게 편 다리를 위로 올려서 아이가 다리를 올린 높이에서 어른이 잡은 막대에 닿게 한다. 이 연습은 2~3회 반복한다(그림 7-5).

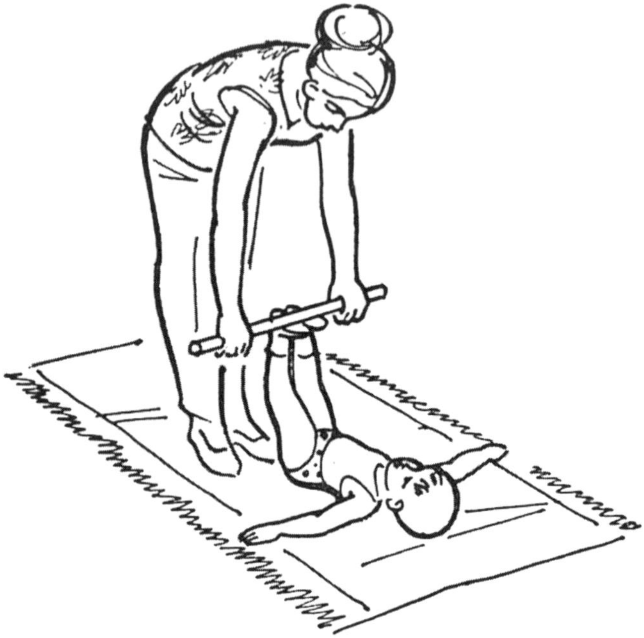

그림 7-5

⑥ **견갑골과 쇄골의 근육과 호흡을 강화하기 위하여** : "나비잡기" 놀이를 한다. 양 손을 구부려 앞에서 3~4번 치게 하고 그리고 나서 양 겨드랑이에서 편 손을 들고 그 다음 내리게 한다. 이 연습은 3~4회 반복된다.

⑦ **다리와 복부 근육을 강호하기 위하여** : "긴 다리와 짧은 다리" 놀이를 한다. 위로 향해 깔개에 눕힌 아이의 발을 발끝까지 일직선으

로 펴고, 그 다음 굽혀서 무릎을 배에 꽉 끌어당겨 양 손으로 감싸쥔다. 이 연습은 3～4회 반복된다.

⑧ **능숙하게 던지는 것, 기민함, 눈어림짐작을 발달시키기 위하여** : 작은 공을 몇 가지나 목전으로 던진다(표적으로 아이로부터 40～70cm 거리의 마루 위에 둔 상자, 쇠대야, 또는 바구니 등이 사용된다). 오른손과 왼손으로 교대로 3～4회씩 던지게 한다. 잘 던질 수 있게 됨에 따라 표적의 거리를 멀리 한다.

⑨ 과업의 마무리에는 30～40초간 조용히 걷게 한다.

과업이 끝나면 아이에게 옷을 입히고 산책하러 보낸다. 2세 이상 아이의 일과에는 매일 아침 건강 체조가 포함되게 된다. 아침 체조의 주된 의미는 밤삼에서 막 깨어 둔해져 있는 것을 제거하고, 아이의 기운을 북돋워 적극적인 활동으로 들어갈 수 있는 상태를 만들어 주는 것이다. 아침의 건강 체조에 편성된 공기욕은 내부 모든 기관의 활동 ―호흡, 혈액 순환, 소화, 배설 ―을 잘 하게 하고, 신경 조직의 긴장력을 높이며, 신체 전체의 신진대사를 잘 하게 한다. 계통적으로 매일 실시하는 아침 체조는 아이의 성상석인 육체적 · 정신적 발딜을 돕고, 아이의 신체의 저항력을 높인다.

트레이닝이라 불리는 아침의 건강 체조는 잠에서부터 깨어나면 바로 실시된다. 밤잠에서 깨면 아이에게 슬리퍼를 신고 화장실로 가게 한다. 그 다음 잠옷을 벗고 바지와 소매가 없는 셔츠를 입게 하여 트레이닝을 시킨다. 트레이닝은 침실이 아니라 잘 환기된 방(보육시설에서는 놀이방이나 마루나 베란다)에서 하는 편이 좋다.

만약 다른 방이 없는 가정에서 자라고 있는 경우는 아침 일찍 아직 아이가 깨기 전에 아이가 잠자고 있는 방을 잘 환기시켜 둔다. 트레이닝은 따뜻한 계절에는 창문을 열고 하고, 추운 계절에는 환기를 한 후에 통풍구를 닫는다. 트레이닝은 4~6분간 5~6가지 연습을 실시한다. 트레이닝 구성의 일반적 원칙은 다음과 같다. 처음에 걷기(신체를 푼다)를 하고 그 다음에 호흡 운동과 긴장을 높이는 전반적인 운동을 실시하고, 마지막으로 다시 근육과 신경의 불필요한 긴장을 서서히 풀도록 조용히 걷는다.

트레이닝은 이 연령 무렵의 아이의 심리적인 특성을 고려하여 3~4개의 체조를 포함한 활동적이고 테마가 있는 놀이 형태로 해야 한다. 트레이닝은 아이와 함께 어른도 하고, 그 때 아이는 어른의 설명을 듣고 그것을 따라 한다. 각각 처음에 1~1분 반 정도 걷는다.

이 경우 올바른 자세 ―몸통과 머리를 일직선으로 하고, 어깨를 조금 펴고, 발을 질질 끌지 않고 발걸음 리듬에 맞추어 손은 자유롭게 흔든다 ― 에 주의한다. 코로 호흡을 한다(코감기에 걸려 있는 경우에는 미리 코를 깨끗하게 닦는다).

첫 보행 후에 아이와 어른은 서로 마주보고 서서 연습을 한다. 처음에 견갑골, 쇄골을 위한 호흡 운동류 예를 들면, 양손을 위로 들고(숨을 들여 마시고) 양 겨드랑이 통과하여 손을 밑으로 내린다(숨을 내뱉는다). 혹은 또, 자기 머리 위에 똑바로 뻗친 양손을 두드리고, 양 겨드랑이를 지나서 뒤로 내리거나 한다. 이 연습은 2~3회 반복된다.

다음 운동은 등의 근육과 복부 근육을 강하게 하고, 척추의 유연성을 기르는데 도움이 되어야 한다. 그러한 운동으로서는 머리를 가볍게 굽혀서 웅크리고 다음에 서서 다리와 몸통을 곧바로 편다. 또는 몸통을 앞으로 굽히고 가능한 한 머리를 낮게 숙여서 양손이 정강이에 닿게 하고(아이는 건너편 마루를 본다) 그 다음 곧바로 서서, 뒷짐을 지고 천장을 본다. 이 연습은 2~3번 반복한다.

이어서 다시 자세를 좋게 하는 운동 —양손을 겨드랑이에서 어깨 높이로 올리고 내린다(2~3회 반복한다) —을 시켜도 좋다. 다음 운동으로는 1분간의 마무리 보행 전에 10~15초간 도약(뛰기) 또는 달리기를 시켜야 한다. 트레이닝 조의 체조가 능숙해지면 8~10일 간격으로 조금씩 변화시켜도 좋다.

보육시설에서 보육자는 아이가 오면 바로 아침 식사 전에 전체 아이들과 함께 아침 건강 체조를 하게 한다. 음악에 맞추어 체조를 하면 매우 좋다. 음악은 신체 반응을 잘 하는 건강하고 즐거운 기분을 만들어 낸다. 이를 위해 많은 취학전 아동시설에서는 CD플레이어나 테이프 레코드를 이용하고 있다. 가정에서도 이것을 이용할 수 있다.

마지막 보행으로 트레이닝이 끝나면 아이에게 세수를 시킨다. 수도꼭지에서 나오는 물(수온은 겨울에 18~16℃, 여름엔 20~22℃)로 세수한다. 어른이 감독을 하고 도와 주며, 아이에게 비누로 손을 씻기고, 이어서 미리 준비해 둔 자기 컵에 있는 끓인 후 식힌 물로 입을 헹구게 하고, 그리고 난 후 얼굴과 목을 비누칠을 하지 않고 씻긴다. 어깨와 가슴을 젖은 손으로 마찰한 후 정성스럽게 닦는다. 어른들은 닦는 것을 도와 주고, 아이의 피부가 장밋빛이 될 때까지 가볍게 마사지한다. 그 후 의복을 입고 머리를 빗는 것을 도와 주고 아침 식사를 한다.

매일 계통적으로 트레이닝을 하는 것은 매우 중요하다. 왜냐하면, 그것에 의해 우물우물 침대에 누워 있지 않고 빨리 일어나 트레이닝을 하고 물에 의한 단련을 하는 확실한 습관이 아이에게 심어지기 때문이다. 트레이닝으로 기운이 북돋아지면 곧바로 적극적인 활동에 들어가기 쉬워진다.

계통적인 트레이닝은 신경 조직에 좋은 영향을 주어 흥분을 하기 쉬운 아이는 참을성이 있게 되고 규칙에 익숙해지며 또, 너무 어른스럽거나 활발하지 못한 아이도 보다 활기 넘치고 적극적이 되고 용기가 생긴다. 매일 실시하는 아침 건강 체조와 그 뒤에 하는 물에 의한 단련은 모든 병을 예방하는 강력한 방법이다.

매일 실시하는 트레이닝은 기본적인 동작의 발달과 완성을 목표로 하는 계통적인 체조 과업 대신은 되지 않는다. 체조 과업은 하루 걸러 항상 같은 시간 — 아침 식사 후 30분이나 산책 직전 — 에 실시한다. 제 에스 우와로와와 엘 게 소로체크는 2세부터 2세 반 된 아이를 위한 다음과 같은 체조 편성의 예를 추천하고 있다.

① **운동의 균형과 바른 자세를 형성하기 위하여** : 손을 등 뒤로 하여 깍지를 끼고 마루 위에 놓인 판자 위를 걷는다. 이 연습은 1~2회 반복된다.

② **잘 넘어갈 수 있게 하기 위하여 또, 동작의 균형, 주의력, 기민함을 향상시키기 위하여** : 15cm 간격으로 마루 위에 나란히 진열하여 세운 적목이나 돌 등을 넘는다. 어른이 발을 교대로 옮기며 어떻게 건너야 하는지를 보여 주고 아이에게 반복시킨다.

③ **발의 근육을 강화하여 평형 감각, 기민함을 발달시키기 위하여** : 높이 20cm의 쇠대야나 상자 속으로 들어갔다 나왔다 한다. 이 연습은 도움 없이 2~3회 반복된다.

④ **견갑골, 쇄골의 근육을 강화하고, 호흡을 깊게 하기 위하여** : "가위" 놀이를 한다. 아이는 일직선으로 곧게 편 양손을 양겨드랑이로 올린 다음 팔을 굽히지 않은 채 앞으로 교차시킨다. 이 연습은 4~6회 반복된다(그림 7-6).

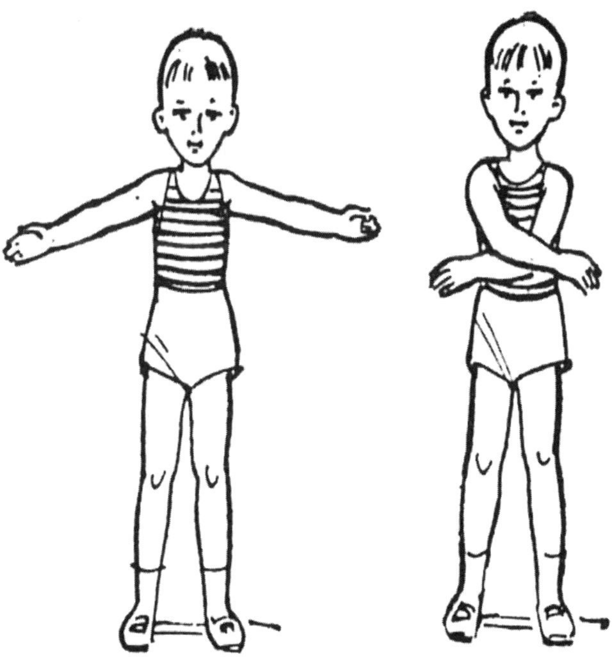

그림 7-6

⑤ 손의 근육, 배근, 복근을 강화하기 위하여 : 엎드려 누운 상태에서 일직선으로 뻗친 팔로 상체를 들어올린다. 아이는 깔 것 위에 엎드려 누워 양팔꿈치를 굽히고 양손바닥을 가슴과 나란히 하여 깔 것에 붙인다. 아이는 어른의 호령으로 양손바닥을 버티고 손을 펴고 발을 굽히거나 마루에서 떨어지게 하지 않고 상체를 들어올린다. 이 연습을 2~3회 반복한다(그림 7-7).

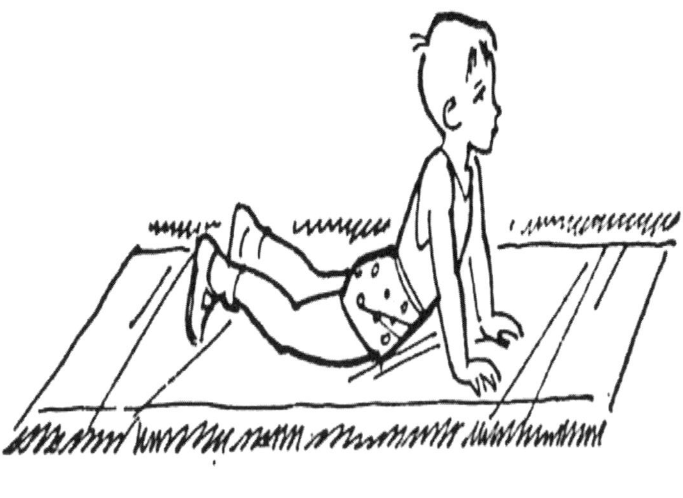

그림 7-7

⑥ **견갑골, 쇄골의 근육, 배근, 복근을 강화하기 위하여** : 아이는 깔개 위에 위로 향하여 눕고, 어른이 아이가 손을 뻗친 근처 아이

위에 수평으로 받치고 있는 둥근막대를 양 손으로 잡는다. 아이는 어른의 신호로 다리를 굽히지 않고 손으로 가까이 끌어당겨 앉았다 누웠다 3～4회 한다.

⑦ **호흡을 깊게 하고 견갑골, 쇄골의 근육을 강화하기 위하여** : "실감기" 놀이를 한다. 어른의 흉내를 내면서 아이는 주먹을 쥐고 오른손으로 왼손 주위를 몇 번 빨리 감고 난 다음에 양손을 재빨리 양쪽으로 뗀다. 이 연습은 3～4회 반복한다.

⑧ **옆구리의 근육 조직과 견갑골, 쇄골의 근육을 강화하고 척추의 탄력성을 증가시키고, 주의력과 기민함을 발달시키기 위하여** : "물건잡기" 놀이를 한다. 아이는 마루의 깔개 위에 앉는다. 아이의 좌우 양쪽 손을 뻗친 거리에 각각 상자를 놓고 그 중 한 곳에 공이나 적목을 넣어 둔다. 아이는 어른의 지시에 따라 깔개에서 움직이지 않고 양손으로 상자 안에서 공(또는 적목)을 꺼내어 방향을 바꾸어 다른 빈 상자에 넣는다. 이 연습은 각 방향으로 2～3회씩 반복한다.

⑨ **견갑골, 쇄골과 팔의 근육을 강화하고, 눈어림짐작(目測)이나 주의력을 발달시키기 위하여** : 표적을 향하여 양손으로 작은 공을 번갈아 던진다. 아이로부터 80～100cm 떨어진 아이 가슴 높이에 표적 ―바구니나 상자 ―을 둔다. 아이는 그 장소에서 움직이지 않고 오른손 왼손을 교대로 3～4회씩 공을 바구니 안에 던져 넣는다.

⑩ **걷는 연습과 올바른 자세를 위하여** : 활기 넘치는 템포로 1분

간 조용히 걷는다. 어른은 아이의 자세를 교정하고 손발의 움직임을 바르게 해준다.

과업의 총 시간은 15~18분으로 한다. 취학전 아동시설에서는 과업을 위해 8~10명씩의 그룹으로 실시할 수 있다.

2세 반~3세아는 능력이 증대되고 있는 것을 고려하여 좀 더 복잡한 연습을 하게 한다. 이를 조합시킨 체조의 예를 서술해 본다.

① **올바른 자세를 심어주기 위하여** : 1분간 걷고, 마지막에 10초간 달린다. 어른은 아이의 바른 자세에 주의한다.

② **복근, 배근, 다리의 근육을 강화하기 위하여** : 아이는 위로 향하여 깔개 위에 누워 특별히 따로 고정시킨 막대나 가구(찬장, 소파) 등에 쭉 편 발바닥을 걸치고, 양 손은 몸통을 따라 뻗쳐 놓는다. 어른의 지시에 따라 손을 사용하지 않고 앉았다고 다시 눕는다. 이 연습을 3~4회 반복한다. 이어서 아이는 일어서서 양손을 어깨 높이에서 양겨드랑이에 올리고 흔들거나 몇 번 올렸다 내렸다 한다.

③ **척추의 탄력성과 움직임을 발달시키기 위하여** : "가지 흔들기" 놀이를 한다. 아이는 서 있고, "바람이 불어 가지가 흔들린다"라는 말에 양손을 일직선으로 펴고 머리 위에 올려 상체를 오른쪽, 왼쪽, 앞, 뒤로 구부린다. "바람은 가고, 가지는 조용하다"라는 말에 양손을 내리고 곧게 바로 선다. 이 놀이를 2~3회 반복한다(그림 7－8).

그림 7-8

④ **견갑골, 쇄골의 근육, 손, 몸통의 근육을 강화하기 위하여** : "물고기" 놀이를 한다. 아이는 깔개 위에 배를 깔고 눕는다(그림 7-9).

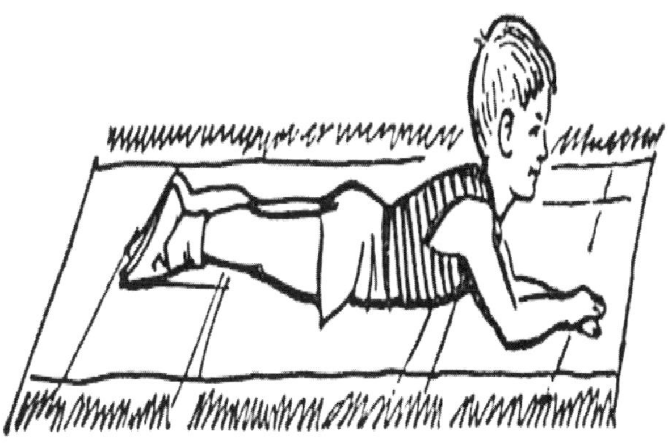

그림 7-9

어른의 지시에 따라 발을 펴고 양팔꿈치를 가슴에 꽉 당기며 구부린다. 이어서 머리와 가슴을 들어올리고 양손을 앞으로 펴고, 겨드랑이를 벌리고 뒤로 돌린다. 다음에 양손으로 턱을 받히고 쉰다. 이 연습을 3～4회 반복한다(그림 7－10).

그림 7－10

⑤ **몸통 근육을 강화하기 위하여** : "둥근 빵(빵 반죽을 하는 것처럼 손을 위로 올리고 몸을 옆으로 구른다" 놀이를 한다. 어른의 지시에 아이는 위로 향해(마루에 깐 기름포 또는 마포, 도로에) 누워 양 다리를 펴고, 양손은 일직선으로 하여 머리 앞에 올린다. 그 다음 몸을 뒤척이며 엎드린 후 다시 위로 향한다. 옆으로 구르고, 어른의 지시에 따라 또 반대쪽으로 구른다. 그 다음 일어서서 양손을 옆으로

올렸다 내린다. 이 동작을 한 번 더 반복한다. 이 연습 전체를 처음부터 3~4회 실시한다.

⑥ **견갑골, 쇄골의 근육과 팔의 근육을 강화하고 눈어림짐작(目測)과 물건을 목표에 던지는 능력을 발달시키기 위하여** : 아이의 눈높이에 작은 공을 고정시켜 수직으로 놓여진 표적(직경 40~50cm의 고리 또는 회전하고 있는 원판)에 작은 공을 던진다. 아이는 표적에서부터 100~125cm 떨어져 왼쪽 오른쪽 손으로 각각 3~4회씩 표적에 공을 던진다.

⑦ **기민함, 눈어림짐작을 발달시켜 놀이 파트너와 운동의 조화를 잘 취할 수 있게 하기 위하여** : 100~120cm 거리에 어른과 짝을 지어 서서 양손으로 공을 던지고 받고 한다(그림 7-11). 어른이 공을 받고 던지는 방법을 보여준다. 이 연습을 4~6회 반복한다. 이것을 잘 할 수 있게 되면 공을 가슴에서부터 던지고 머리에서부터 던져 그것을 잘 받을 수 있게 연습한다.

⑧ **마무리의 조용한 보행** : 어른은 아이의 바른 자세에 주의한다.

조합된 연습 전체를 15~18분간 실시한다. 이것을 보육시설에서는 아이를 10~12명 그룹으로 실시한다. 과업을 하는데 있어서 중요한 요인은 올바른 리듬을 유지하고, 연습과 연습 사이에 일정한 간격을 지키는 것이다. 아이가 새로운 운동을 터득하는 것에 유의하여 무조건 급하게 해서는 안 되는 데 즉시하는 것이 중요한 것이 아니라 반복하는 횟수를 빠르게 해야 한다. 새로운 운동은 점차 몸에 익숙해져 간다.

그림 7-11

매일 같은 시간에 평온하게 과업을 할 때 아이가 이 시간을 기다리고 있고, 즐겁게 연습을 하도록 흥미를 가지게 하는 것이 매우 중요하다. 아이들은 매일 과업을 할 경우에는 보통 10~15일이며 조합된 연습 전체를 터득한다. 각각의 연습에서 특히 잘되지 않는 것이 있을 때는 다른 시간에 그것만 반복할 필요가 있다. 보육시설에서 하루 간격으로 과업을 실시할 경우에 아이는 2~3주간 조합된 연습을 몸에 익힌다.

그 후 새로 조합된 연습을 만든다. 연습을 선택할 때 아이가 지니고 있는 가능성, 즉 일정한 동작을 몸에 익힐 수 있는 정도를 기본으로 한다. 새로운 조합 때마다 아이가 이미 알고 있는 몇 가지 연습을 짜넣어 충분히 몸에 익힌 3~4개의 운동을 새로운 것과 다시 짠다. 순서대로 복잡해져 가는 조합은 기본적인 운동 — 걷기, 달리기, 기어오르기, 뛰기, 던지기 — 의 완성을 목표로 하는 것이어야 한다.

2세 반~3세아들은 걷는 것이 아직 상당히 완성되어 있지 않다. 템포가 안정되어 있지 않고, 발을 질질 끌거나 비틀거리기도 한다. 이 연령에서는 걸을 때 손발의 동작이 균형이 잡혀 있는 것은 전체 아이들이 아니다. 아이들에게 자세를 고쳐 줄 필요가 있다. 많은 아이들은 이 연령에서 기꺼이 달리지만 달리는 방법은 빠른 발걸음과 비슷한 것이다.

올바르게 달리는 방법을 결정하는 데 빠뜨릴 수 없는 것은 양 발이 모두 지면으로부터 떨어져 있을 때의 "도약(跳躍)" — 한쪽 발은 지면을 차고 앞으로 출발하고 또 다른 한쪽 발은 출발을 한 후 아직 지면에 닿지 않는 — 이다. 아이가 "도약"의 이러한 요소를 몸에 익히는 것은 대개 4세 이후이다. 아이들은 걷는 경우의 손발의 동작보다 달릴 때의 손발의 동작을 몸에 빨리 익힌다. 아이가 달릴 때 손발의 바른 동작을 터득함에 따라 달리는 속도가 빨라진다.

기어오르는 것을 가르치는 데는 아이의 손과 발의 사용법에 주의하는 것이 중요하다. 이 연령에서는 관절의 인대가 아직 충분히 강해져 있지 않기 때문에 손으로 매달리거나 매달린 상태에서 턱걸이를 하게 해서는 안 된다. 그런 연습 결과 관절이 느슨해지고 그에 따라 탈구가 일어나기 쉽게 되는 경우가 있다.

3세까지의 아이는 아직 제대로 뛸 수가 없다. 그들은 아직 뛰기에 충분한 근육의 힘이나 운동의 균형과 평균을 취하는 것을 몸에 익혀 있지 않고, 발에는 아직 탄력이 없다. 뛰기를 위한 예비 연습 — 웅크려 있다. 마루에 놓여 있는 나뭇가지를 뛰어 넘는다. 같은 장소에서 뛴다 — 은 2세부터 시작한다. 보통 3세 아는 아직 한쪽 발로 뛰기를 할 수 없다.

던지는 것은 생후 반 년이 지나면서부터 가능하게 된다. 2세부터는 던질 때 손을 바르게 흔들 수 있게 된다. 2세 반 이후는 올바른 자세 — 오른손으로 던질 때는 약간 뒤로 뺀 오른발에 신체의 중심을 옮기고, 손을 흔들 때에 상체를 오른쪽으로 비틀고 던지는 순간에 신체 중심을 앞에 나와 있는 왼 발로 옮긴다 — 를 취하는 것에 익숙하게 한다. 왼손으로 던질 경우에는 마찬가지로 자세를 바꾼다. 아이의 모든 기본적인 운동은 활동적인 놀이 속에서 매일 반복됨에 따라 확실한 것이 되어간다.

체조 과업을 한 후 곧바로 아이에게 산책을 시킨다. 2세부터 7세까지의 아이에게 있어서 산책 시간에 과업으로 만들어진 모든 습관이 확고해지게 된다.

이와 같이 1세에서부터 3~4세까지의 아이에게 적용되는 여러 가지 단련 작용은 모두 다음의 방법을 종합한 것이다. 아이가 있는 방에는 매일 닦기 청소와 기온을 18℃~19℃로 유지하면서 자주 환기를 시킴으로써 위생적인 환경이 유지된다.

2세까지의 아이는 속옷을 갈아입을 때와 얼굴이나 손을 씻을 때 단시간의 공기욕을 받는다. 2세 이상 아이는 아침의 건강 체조 때 공기욕을 받기 때문에 이 때는 반바지와 소매가 없는 셔츠를 입힌다.

좀 더 장시간의 공기욕은 체조 과업 시간에 받는다.

아이는 실외에서 낮잠을 잔다. 1년 반 미만의 아이는 낮에 2회, 1년 반 이상 아이는 1회 낮잠을 잔다. 실외 산책은 하루에 2회 실시한다. 비 오는 날의 산책은 낮잠과 마찬가지로 차양 아래나 창문을 활짝 열어 놓은 베란다에서 실시한다. 여름에는 산책 시간에 5~6분에서부터 시작하여 8~10분까지 일광욕을 받는다. 산책을 할 때마다 2~3회 햇빛 쬐이기를 반복한다.

밤잠에서 깨어났을 때와 낮잠 후 또, 더러워지게 되면 얼굴과 손을 씻는다. 식사 전과 용변 후에 손을 씻는 습관을 익힌다. 세면을 위한 물의 온도는 1세아는 20℃, 그 이후는 점차 18℃~16℃까지 내린다. 2세 이상의 아이는 세면할 때 목과 가슴 윗부분을 씻고 손은 팔꿈치까지 씻는다.

여름에는 낮의 산책 후에 전신 수욕이나 샤워를 한다. 이 방법을 실시할 때 처음에 수온을 똑같이 35℃~34℃로 하고, 그 후 수온을 점차 26℃~24℃까지 내린다. 추운 계절에는 이 전신 물 사용법을 부분적인 방법 — 손과 얼굴을 씻고, 가슴과 팔을 닦는다 — 으로 바꾼다.

낮잠 또는 밤잠을 자기 전에 발에 물을 끼얹을 때는 처음에는 수온 28℃의 물을 사용하고, 그 후 18℃가 될 때까지 1~2일 간격으로 수온을 1℃~2℃씩 내리고, 그 이후에는 더 이상 수온을 내리지 않는다.

1세에서부터 2세까지의 아이는 하루 간격으로 밤잠을 자기 전에 수온 36℃의 물로 전신 수욕을 5분간 실시하고, 마지막에 수온 34℃의 물을 끼얹는다. 2세 이상의 아이는 1주에 2회 실시한다. 1주에

1회 아이를 스폰지와 비누로 씻는다.

3. 3세아에서 7세아까지의 단련

취학전 아이의 단련법은 신체적인 발달을 재촉하는 연습과 더욱더 긴밀한 연계성을 지니고 있다. 계통적인 체조 과업 때 기본적인 운동이 완성되어 그것이 더욱더 민첩하고 정확해지고, 아이의 기민함과 숙련됨을 보장하는 각 근육군의 작용의 조화가 이루어져 가게 된다. 또, 이 시기는 적극성, 주도성, 집단 속에서 행동하는 능력, 다른 아이들과의 협조성 등의 발달에서도 적지 않은 의의를 지니고 있다.

취학전 유아의 체육 과업으로서 일과 중에 일정한 시간 ―아침식사 30분 후와 산책 직전 ―이 할당된다. 과업은 1주에 2회 실시된다. 각각의 연습은 매일 활동적인 놀이 시간이나 산책 때나 아침 트레이닝 시간에 반복된다.

아침의 건강 체조(트레이닝)는 매일 아침 일어나면 바로(그 전에 화장실에 다녀오게 한다) 실시한다. 방은 미리 환기를 시켜두고 트레이닝 때도 바람이 지나가지만 않는다면 천장이나 통풍구를 열어둔 채로 둔다. 여름의 트레이닝은 창문을 열고 또는 발코니나 정원에서 실시한다. 아이에게는 반바지와 슬리퍼를 신게 한다.

보육시설에서의 아침 트레이닝은 교사의 지도에 따라 실시한다. 교사는 말로 설명을 하거나 호령을 하거나 또는 모범을 보이기도 한다. 그리고 교사는 아이와 함께 체조를 한다. 가정에서 아이를 키우는 경우에는 어른이나 연상의 아이에게 취학전 유아와 함께 트레이닝을 하게 한다. 이것은 아이를 훈련하여 아이에게 세면이나 머리를 빗는 일 등 일상적으로 필요한 일과 마찬가지로 아침 트레이닝에 대한 올바른 태도를 철저히 가르친다.

아침 체조의 총 시간은 6~7분으로 한다. 맨처음 보행(1~1.5분)과 달리기(15~20초)를 한 후 몇 가지 연습을 실시한다. 맨 처음에는 견갑골과 쇄골의 근육을 강화하고 가슴을 확장시켜 호흡을 깊게 하기 위한 쉽고 아이에게 친근함이 있는 연습을 실시한다. 그 다음에 배근과 복근을 강하게 하는 운동 또, 발끝의 근육을 발달시켜 평발을 예방하기 위한 연습을 시킨다.

아이의 연령에 따라 각 연습은 2~3회(3세아)에서부터 8회(7세아)까지 반복한다. 각각의 연습은 물건(막대기, 고리, 공)을 사용하여 실시하는 경우가 있다. 연습 후에 15~20초간 달리기나 뛰기가 실시되고 그 후 마무리 보행이 1~1.5분간 실시된다.

아이의 올바른 호흡에 특히 주의한다. 호흡을 들이쉴 때는 입을 닫고 코를 통해 가슴을 확장할 수 있는 체조의 일부로서 실시한다(양손을 들거나 양겨드랑이를 벌리고 상체를 편다). 호흡을 내쉴 때는 길게 완전히 숨을 내뱉듯이 무슨 말이나 소리를 내면서 입을 통하여 실시한다. 호흡을 내쉴 때는 가슴이 작아지거나 복부의 압력이 긴장하는 듯한 체조(상체를 굽히고 양손은 가슴 앞으로 교차하여 웅크리거나 한다)와 일치한다. 어른은 아이를 관찰하여 자세를 고쳐 준다. 아침의 체조 시간에는 아이가 활기차고 밝은 기분인 것이 중요하다. 이를 위한 음악 반주는 효과가 있다.

아침 체조가 끝난 후 곧바로 아이는 세면을 하고 물에 의한 단련을 받는다. 세면을 할 때는 비누로 손을 씻고 난 다음 자기 컵에 끓인 후 식힌 물로 양치질을 하고 나서 얼굴, 목 그리고 팔은 어깨까지 씻고, 젖은 손으로 허리까지 마찰한다. 그 후 빨리 정성스레 닦고 의복을 입는다. 아이가 혼자 스스로 깔끔하게 세수하고 닦을 수 없는 동안은 어른이 도와 준다. 어른이 아이를 도와줄 때는 모두 도와주지 않고 아이의 적극성을 끄집어 내는 것이 매우 중요하다. 그것에 의해 아이는 필요한 것을 빨리 몸에 익혀가게 된다.

체조 과업은 아이의 연령이나 고차 신경활동의 특성과 필요한 습관이 붙어 있는가 어떤가에 따라 구별하여 편성된다. 과업이 계통적이고 적정하게 실시되는 경우에는 취학 전기의 기본적인 동작은 꽤 급속히 발달한다. 여기에서는 게 페 유르코가 들고 있는 예를 인용해 본다.

① **보행** : 동작의 균형이 점점 좋아지고, 불필요한 동작이 없어져 가고 뒤따르는 손발의 운동이 가능하게 되고, 보폭은 대개 평균이 되며, 올바른 보행 자세가 완성된다. 4~5세까지는 발꿈치나 발끝으로도 능숙하게 걷는다.

② **달리기** : 지면에서 떨어진다. 달리는 경우의 "뛰기"는 4세경부터 볼 수 있게 된다. 계통적인 바른 훈련을 하면 5~6세까지에는 할 수 있게 되고, 손발의 동작의 조화가 좋아져 달리는 방법이 똑같아져 보폭은 넓고, 걸음 수는 적어진다.

③ **뛰기** : 연령에 따라서 상당히 급속하게 뛰는 거리가 연장되고, 발을 차는 방법과 착지하는 것을 몸에 능숙하게 익힌다. 어떤 아이는

4세에서 한쪽 발로 뛰기를 할 수 있지만 대부분의 아이들은 5세까지 할 수 있게 된다. 6~7세까지는 능숙하고 정확하게 도약과 양 발 앞뛰기, 한쪽 발 앞뛰기를 한다. 그 장소에서 달리며 뛰는 것도 50cm 정도 뛸 수 있게 된다. 많은 아이들은 뛰어 오를 때는 손을 바르게 흔들어 밸런스를 잡고 능숙하게 착지한다. 취학전 유아에게 가장 어려운 것은 도움닫기로 높이뛰는 것인데 이 경우에 능숙하게 착지하는 일은 좀처럼 없다.

④ **던지기** : 던지는 것을 잘하기 위해서는 특히 훈련이 중요하다. 3~4세에는 아직 올바르게 던지는 법이 완성되지 않는다. 2~2.5m 거리로 던지지만 방향이 정해지지 않을 경우가 많다. 5세경에는 손을 바르게 움직이는 방법과 상체를 돌리는 방법을 몸에 익힌다. 이 연령 무렵에서부터 남녀 간의 차별이 나타나 남자 아이는 여자 아이보다도 더 잘 던질 수 있다.

⑤ **기어오르기** : 4~5세부터 체조용 벽을 기어오를 때 발을 교대로 옮길 수 있게 된다. 동작의 균형이 좋아지고 평균 운동이 가능하게 된다.

4~7세아를 위한 체조 과업은 네 부분 ―첫 시작, 준비, 기본, 마무리 ―으로 이루어진다. 가장 복잡하고 어려운 연습은 기본 부분에서 실시된다. 취학전 유아의 특징 ―동작의 구분이 불충한 것, 힘과 동작의 속도를 스스로 조절할 수 없는 것 ―을 고려하여 과업에는 많은 근육군을 끌어들이는 가장 동적인 연습이 선택된다. 가능한

한 손발과 몸체의 모든 근육군에 똑같이 부담이 배분되는 것을 미리 고려한다. 이 때문에 체조는 여러 가지 첫 시작 상태 — 서고, 앉고, 눕고 — 에서부터 실시된다.

체조를 할 때 올바르게 호흡하는 것이 익숙하도록 하는 것은 매우 중요하다. 신체적인 모든 긴장은 산화 작용, 즉 신체 속의 산소 필요량이 증가하고 그 때문에 1분간의 폐의 환기(호흡에 의해서 1분간에 폐를 통과하는 공기의 용량)가 좋아지고, 심장 박동이 빨라져 혈액 순환도 좋아진다. 그러나 아이는 올바른 계통적인 훈련의 결과로서만 깊이 호흡할 수 있게 된다.

아이는 취학전 초기에는 아직 호흡을 깊이 할 수 없고 육체적으로 긴장하면 호흡이 빈번해진다. 그러나 이것은 폐의 환기를 잘하는 방법으로서는 호흡을 깊게 하는 것보다 효과가 적다. 만약, 아이에게 올바른 호흡 훈련을 한다면 체조는 훨씬 좋은 이익을 가져다 준다. 깊고 천천히 하는 호흡은 하나의 좋은 신체적 훈련이다.

게 페 유르코는 취학전 유아의 체육 과업의 내용의 예를 보여주고 있다. 4세아를 위한 체육 과업은 20～25분으로 한다(유치원에서 교사는 전체 그룹을 함께 실시한다). 과업의 주된 과제는 한 사람씩 가로로 걷도록 한다, 발끝으로 걷기와 발꿈치로 걷기를 가르친다, 자유롭게 달릴 수 있도록 한다, 올바른 자세의 습관을 형성한다, 도구(작은 막대)를 사용한 연습, 배근과 복근을 강화한다, 공을 던지고 받는 것을 완성시킨다, 다른 아이와 동작을 맞추는 것, 기민함, 눈어림짐작을 발달시키는 것 등이다.

아래에 소개하는 과업의 예에서는 길이 65cm, 직경 2.5cm의 막대기를 도구로 사용한다.

❐ 첫 시작 부분(1～2분) —광장 주변을 줄을 이어 걷는다. 발끝으로 걷기와 발꿈치 걷기, 자유롭게 달리기, 줄을 서서 조용히 걷기, 교사가 막대기를 분배한다.

❐ 준비 부분(4～5분) —아이들은 원을 만들어 교사가 큰 소리로 숫자를 헤아리는 것에 따라 동작을 따라하며 네 가지 연습을 한다.

① 맨 처음 자세는 발을 가볍게 벌리고, 막대를 양손으로 쥐고(위에서 잡는다) 그것을 무릎에 닿게 한다. "하나, 둘"의 호령에 따라 막대를 쥐고 곧게 쭉 편 양손을 앞과 위로 여러 번 올린 후 뒤로 젖히게 한다. 막대를 머리 위에 쥔 채로 막대를 쳐다 보면 깊이 숨을 들이마신다. "셋, 넷"의 호령에 양손을 앞과 아래로 움직여 처음의 상태로 내리고 완전히 숨을 내뱉는다. 4회 반복한다.

② 맨 처음 자세는 앞에서와 같이 "하나, 둘" 호령에 곧게 쭉 편 양손으로 막대를 앞과 위로 올린다. 양팔꿈치를 굽혀 막대를 머리 뒤로 넘겨 어깨 밑으로 내리면서 견갑골 쪽으로 누른다. "셋, 넷"의 호령에 막대를 머리를 지나 이동시켜 무릎까지 내린다. 템포는 천천히 3～4회 반복한다.

③ 맨 처음 자세는 위를 향하여 누워 발을 가지런히 놓고 양손은 몸통의 겨드랑이를 따라 막대기를 잡고(위에서 잡는다) 막대는 넓적다리에 닿게 한다. "하나, 둘"의 호령에 막대를 놓치지 않고 쭉 편 양손을 들어올려 머리쪽의 마루에 닿게 한다. "셋, 넷"의 호령에 양손을 내려 막대를 넓적다리에 댄다.

④ 맨 처음 자세는 마찬가지로 발을 가볍게 벌리고, 막대기를 위에서 쥐고 배 위에 누른다. "하나, 둘"의 호령에 상체를 조금 들어올리고, 막대를 쥐고 쭉 편 양손도 머리 높이로 들어올린다. "셋, 넷"의 호령에 처음의 자세로 되돌아온다. 3~4회 반복한다.

❒ 기본 부분(10~12분) — 다른 아이 한 사람과 한 조가 되어 서서 큰 공을 가슴 높이에서 던지고 받는다. 조별로 서서 큰 공을 머리 높이에서 던지고 받는다.

❒ 마무리 부분(3~4분) — 조용한 놀이 "목소리 맞추기", 조용한 보행으로 마무리한다.

5세아를 위한 과업의 총 시간은 25~30분이다. 과업의 주된 과제는 보행과 달리기의 완성, 도구를 사용한 동작의 숙련, 높이가 1.5 m~2m의 체조용 사다리를 발을 교대로 움직여 기어오르기, 신호로 동작을 하고 자기 장소를 기억하는 능력을 발달시키는 것 등이다. 다음에 서술하는 과업에는 한 사람에게 2개씩의 작은 깃발이 도구로 사용된다.

❒ 첫 시작 부분(1~2분) — 키 높이 순서로 일렬 종대로 세운다. 원 모양으로 걷는다. 발끝으로 걷기, 발꿈치 걷기, 발끝으로 원 모양으로 달린다. 걸어서 깃발을 분배한다.

❒ 준비 부분(5~6분) — 원형을 만든다. 교사의 숫자 호령에 따라

다섯 가지 연습을 한다.

① 맨 처음의 자세는 기본적인 직립이며, 작은 깃발을 잡은 양손은 내려놓는다. "하나, 둘"의 호령에 일직선으로 곧게 뻗은 양 손을 앞에서 머리 위로 올리고 깃발을 쳐다 본다. —깊이 숨을 들이쉰다. "셋, 넷"의 호령에 양 손을 겨드랑이에서 내리고 맨 처음의 자세가 되며 —완전히 숨을 내뱉는다. 중간 정도의 템포로 실시하고, 3~4회 반복한다.

② 맨 처음의 자세는 양발을 벌리고 양손은 앞으로 하고 선다. "하나"의 호령에 양손을 옆으로 벌리고 상체를 오른쪽으로 구부린다. "둘"의 호령에 맨 처음 자세로 돌아온다. 마찬가지로 왼쪽으로 구부린다. 호흡은 평균으로 한다. 중간 정도의 템포로 한쪽 방향으로 3회씩 반복한다.

③ 맨 처음 자세는 위로 향하여 누워 양다리를 일직선으로 가지런히 두고, 양손은 일직선으로 하여 양옆으로 벌린다. "하나"의 호령에 일직선으로 쭉 뻗은 오른발을 들고, "둘"의 호령에 그 다리를 마루에 내린다. 왼쪽 발을 똑같이 반복한다. 호흡은 평균적으로 한다. 중간 정도의 템포로 한쪽 발에 4회씩 연습을 실시한다.

④ 맨 처음 자세는 마루에 책상다리를 하고 앉고 작은 깃발을 꽉 잡고 양손을 허리에 댄다. "하나, 둘, 셋" 호령에 오른손을 위로 올리고 위로 쳐다보며 작은 깃발을 흔든다. —숨을 들이쉰다. "넷" 호령에 맨 처음의 위치로 손을 내린다. —숨을 내 뱉는다. 왼손으로 똑같이 반복한다. 느린 템포로 한쪽 손에 3회씩 연습을 실시한다.

⑤ 맨 처음 자세는 각자 앞의 마루 위에 작은 깃발을 놓아 두고

기본적인 직립이다. 교사의 신호에 따라 작은 깃발을 5~6번씩 뛰어넘는다. 30~40초간 원형으로 걷는다. 걷고 있을 때 아이들은 작은 깃발을 교사에게 건넨다.

- ❒ 기본적인 부분(15~18분) —10~12분간 체조용 사다리를 기어오른다. 2~4명씩 동시에 이 연습을 한다. 가로목을 그냥 지나치지 않도록 손발을 올바르게 교대로 움직인다. 매우 활동적인 놀이 "작은새와 병아리"를 5~6분간 실시한다.

- ❒ 마무리 부분(4~5분) —"상대 찾기" 놀이. 15~20초간 걷고 과업을 마친다.

6세아를 위한 과업의 총 시간은 25~30분으로 한다. 과업의 주된 과제는 몸의 상태를 바꾸어 가며 걷고 달릴 수 있게 한다. 도구를 사용한 체조를 몸에 익히고, 넓이뛰기를 완성하는 것이다. 다음에 서술하는 과업을 위한 도구는 각자 한 개씩의 목제 고리와 길이 3m의 끈 2개이다.

- ❒ 첫 시작 부분(3~4분) —키 순서대로 일렬 종대로 선다. 일렬로 홀의 주변(광장 주위)을 걷고, 교사의 신호로 두 사람씩 한 조를 만든다. 30~40초간 한 조가 되어 달리다가 걷기로 바꾼다. 고리를 배분하며 걸으면서 4열 종대로 다시 조를 바꾼다.

- ❒ 준비 부분(7~10분) —교사의 숫자 호령에 따라 네 가지 연습

을 한다.

① 맨 처음 자세는 바깥쪽으로 고리를 쥔 양손은 내리고 기본적인 직립 자세이다. "하나, 둘"의 호령에 고리를 수평으로 돌리면서 양손을 위로 들어올리고 기지개를 펴고 고리 너머에서 "작은 창문을" 위로 보고 ―숨을 들이쉰다. "셋, 넷"의 호령에 맨 처음의 자세로 돌아가서 ―숨을 내뱉는다. 이 연습은 중간 정도의 템포로 4~5회 실시한다.

② 맨 처음 자세는 양 발을 조금 벌리고 고리를 쥔 양손을 앞으로 펴고, 일직선으로 똑바로 선다. "하나"의 호령에 상체를 오른쪽으로 돌리고 동시에 손도 움직인다. "둘"의 호령에 처음 자세로 돌아온다. 왼쪽 방향으로도 똑같이 반복한다. 이 연습은 중간 정도의 템포로 한쪽 편으로 4회씩 실시한다.

③ 맨 처음 자세는 기본적인 직립으로 고리를 쥔(바깥쪽에서 잡는다) 양손은 위로 올린다. 아이들은 교사의 신호로 손에서 고리를 놓지 않고 고리를 자기에게 씌운다. 3회 반복하고 나서 고리를 자기 앞의 마루에 내려놓고 그 중앙에 선다.

④ 맨 처음 자세는 고리 안에 기본적인 직립이다. "하나"의 호령에 웅크리고 양손의 손가락을 고리에 닿게 한다. "둘"의 호령에 처음 자세로 돌아온다.

호흡은 평균으로 한다. 이 연습은 중간 정도의 템포로 6~8회 실시한다. 다음으로 고리를 밑에서부터 잡고 어깨 높이로 올린다. 양손의 손가락은 어깨를 향한다. 그 자리에서 무릎을 높게 들고 25~30초간 달린다. 제자리걸음을 하고(30초) 교사에게 고리를 반환한다.

걸으면서 2열 종대가 된다. 두 열은 분산하고 아이들은 홀(광장) 여기저기에 앉는다.

- ❐ 기본 부분(12～15분) — 교사는 마루에 60～70m 거리를 두고 2개의 끈을 일렬로 늘어놓고 그것에 가령 "개천", "작은 강" 등의 강변 표시를 하고 아이들에게 끈 양쪽에서 한꺼번에 5~6명씩 뛰어넘게 한다. 올바른 착지에 주의한다. 그 후 일반적인 활동적 놀이 "숲 속의 공놀이"를 한다.

- ❐ 마무리 부분(2～3분) — 그다지 활동적이지 않는 놀이("물건 찾기", "누가 갔는가" 등)를 한다.

7세아를 위한 과업 총 시간은 30분으로 한다. 주된 과제는 교사의 신호에 따라 방식(요령)을 바꾸는 복잡한 요소가 가미된 보행과 달리기를 완성하는 것, 평형을 잘 유지하는 것, 달려 높이뛰기를 가르치는 것 등이다. 과업을 위한 도구는 끈이 딸린 높이뛰기용 가로대의 지주와 체조용 의자이다.

- ❐ 첫 시작 부분(3～5분) — 키 순서대로 2열 종대로 선다. 홀 주변을 걷기, 발끝으로 걷기, 발뒷꿈치로 걷기, 교사의 신호로 방향을 바꾸어 달린다. 자유롭게 달리다가 신호로 2인조를 만든다. 1분간 달리기에서 보행으로 바꾼다. 움직이면서 4열 종대가 된다.

❒ 준비부분(10~12분) ―교사의 호령에 따라 여섯 가지 연습을 한다.

① 맨 처음 자세는 기본적인 직립이다. "하나, 둘" 호령에 곧게 뻗은 양손을 겨드랑이에서 위로 올리고 발끝으로 서서 쭉 펴고 손가락을 쳐다보며 ―숨을 들이마신다. "셋, 넷" 호령에 처음 자세로 돌아가 ―숨을 내쉰다. 이 연습은 중간 템포로 4~5회 반복한다.

② 맨 처음 자세는 양다리를 벌리고 서서 양손은 내린다. "하나"의 호령에 신체를 오른쪽으로 비스듬히 기울이고 오른손은 다리를 따라 미끌어 내린다. "둘"의 호령에 처음 자세로 돌아간다. 왼쪽으로 똑같이 반복한다. 호흡은 평균으로 한다. 중간 템포로 각각 오른쪽, 왼쪽으로 각각 비스듬히 기울이는 것을 5~6회씩 반복한다.

③ 맨 처음 자세는 발바닥 길이만큼의 넓이로 양다리를 벌리고 서서 손은 어깨 높이로 양 옆으로 올린다. "하나"의 호령에 오른발을 앞으로 흔들고 그 발 밑에서 손뼉을 친다. "둘"의 호령에 처음 자세로 돌아온다. 왼발로 똑같이 반복한다. 이 연습은 한쪽 발에 3회씩 반복된다.

④ 맨 처음 자세는 양다리를 일직선으로 가지런히 하여 마루에 앉고 양손을 상체 뒤로 하여 받친다. "하나"의 호령에 곧게 뻗은 양다리를 들어올리고 "둘"의 호령에 양무릎을 구부리고 발바닥을 마루에 닿게 하고 머리를 굽혀 양손으로 무릎을 잡는다. "고리 모양의 빵", "셋, 넷"의 호령에 처음 자세로 돌아간다. 호흡은 평균으로 한다. 이 연습은 중간 템포로 5회 반복된다.

⑤ 맨 처음 자세는 양 다리를 일직선으로 가지런히 하고 엎드려

눕고 양팔꿈치를 구부려 턱을 받친다. “하나, 둘” 호령에 가슴과 허리 부분으로 척추를 만곡시키면서 발이 마루에서 떨어지지 않은 채 머리와 상체를 뒤로 젖히고 양손을 펴서 뒤에 받친다. “셋, 넷” 호령에 처음 자세로 돌아간다. 호흡은 보통으로 한다. 이 연습은 늦은 템포로 4~6회 반복한다.

⑥ 1분간 그 자리에서 달리기에서 보행으로 옮기고 움직이면서 일렬 종대로 만든다.

❒ 기본 부분(15~17분) ―아이들은 홀 중앙에 놓여 있는 체조용 의자 위를 연이어서 2번씩 지난다. 높이뛰기용 막대의 지주 사이 30~40cm 높이에 걸친 끈을 뛰어넘는다. 매우 활동적인 놀이이다.

❒ 마무리 부분(3~5분) ―그다지 활동적이지 않는 놀이이다. 앞에서 실시한 뛰기 과업에 관해 교사가 비평한다.

유치원에서 동작 발달을 위한 과업은 교사에 의해서 지도된다. 조합시킨 연습 과업을 편성하는 데 있어서는 유아의 신체의 전체적인 사전 준비를 고려한다. 체육의 준비 교육인 점에서 그룹이 고르지 않는 경우에는 사전 준비가 제대로 되어 있지 않는 유아에게는 어려운 연습 대신에 연소아 그룹을 위해 조합시킨 것 중에서 같은 수준의 연습을 하게 한다. 허약한 유아에게는 반복하는 횟수를 적게 하고, 과업 중의 휴식 시간을 많이 준다.

이미 서술한 것처럼 동일한 과업은 가정에서도 실시되어야 한다.

그러나 다른 아이와의 협동 동작이 큰 의의를 가지고 있기 때문에 집단으로 실시하는 것보다 효과가 적다. 유치원에 가지 않는 아이는 거주지의 그룹에 가입시켜야 한다.

체조 과업은 공기에 의한 단련과 조합된다. 여름에는 과업을 실외에서 실시하고, 비가 올 경우에는 창문을 연 베란다나 차양 아래에서 실시된다. 겨울에는 환기가 잘되는 실내에서 실시된다. 활동적인 놀이나 체조 과업이 실시되는 실내의 기온은 평상시보다 조금 낮은 15℃~16℃가 되어야 한다.

아이는 복장을 가볍게 하고 —바지, 소매가 없는 셔츠와 뒷굽이 없는 구두 —과업을 한다. 겨울에는 옷을 갈아입는 데 시간을 소비하지 않기 위해 양말과 소매를 걷어올리는 것만으로 좋다. 단, 이것은 아이가 정상으로 의복을 입고 있는(반바지, 소매가 없는 셔츠, 양말 밴드, 양말, 굽이 없는 구두, 원피스 또는 헐렁한 상의와 짧은 바지) 경우이다. 실내에 필요한 온도 규칙이 지켜지고 있으면 아이는 스웨터도 잠방이도 입을 필요가 없다.

취학전 유아에 대해 적용되는 단련법에 관해 서술한 것을 종합해 보면 다음과 같다.

① 아이가 있는 방 안은 매일 닦는 청소를 하고 자주 환기를 해야 한다. 온도는 18℃ 이상 올리지 않는다. 활동적인 놀이나 운동 과업 때는 15℃나 16℃이어야 한다.

② 공기욕은 아침의 위생 체조 때 받는다. 공기욕의 총 시간은 10~15분으로 한다.

③ 체조 후에 물에 의한 단련법을 실시한다.

④ 운동 과업 때 환기가 잘되는 실내 또는 지역에서 주 2회 좀 더 장시간 공기욕을 받는다(20～30분). 이 경우 아이는 가벼운 복장을 한다.

⑤ 소비에트 중간 기후 지대에서는 바깥 온도가 영하 15℃에서 +30℃까지의 범위 내의 경우 1시간 반～2시간씩 하루에 2회 산책을 실시한다. 우천시나 기온 조건이 나쁠 때는 차양 아래나 개방된 베란다 또는 창문을 연 실내에서 산책을 실시한다.

⑥ 여름에는 일광욕을 한다. 계속 시간은 맨 처음에는 5～6분을 넘지 않고, 점차 10～15분까지 연장하고 그리고 산책하는 동안에 2～3회 일광욕을 한다.

⑦ 낮잠은 실외에서 1시간 반～2시간 실시한다(기상 조건을 고려한다).

⑧ 아이는 15℃나 14℃의 물로 아침과 밤에 잠을 자기 전과 또, 더러워지면 세면을 한다. 식사 전과 화장실에 다녀온 후는 반드시 손을 씻는다.

아침 세면의 경우에는 비누로 손을 씻고, 그 다음 각자 자기의 컵을 사용하여 끓인 후 식힌 물로 입을 헹구고, 그 다음 얼굴과 목을 씻고, 물로 허리까지를 마찰한다(부드러운 섬유로 된 손가락이 없는 장갑을 사용해 닦아도 좋다). 그 다음 빨리 정성스레 닦는다.

아이가 필요한 습관을 몸에 완전히 익힐 때까지는 어른의 도움과 감독이 필요하다. 밤잠을 자기 전에 세면할 때는 팔을 팔꿈치까지 비누로 씻고, 각자의 칫솔로 이를 닦고(이 습관은 어른이 가르쳐야 한다), 그 다음 얼굴과 목을 씻는다.

⑨ 냉수마찰, 냉수욕, 샤워 등은 낮에 산책을 한 후 실시한다. 처음에는 수온 35℃나 34℃로 하고 점차 25℃까지 내린다(매일 실시하는 경우 수온은 1주일 반~2주일 사이에 평균으로 내린다). 적절한 조건이 없는 경우에는 겨울에는 이들 방법은 부분적인 방법 — 세면, 허리까지의 냉수 마찰 — 으로 바꾸어도 좋다.

⑩ 발에 냉수를 끼얹는 것은 자기 전에(밤 또는 낮) 마찬가지로 수온을 내리고 — 28℃에서 시작하여 1주일 반~2주일 사이에 16~14℃까지 내린다 — 실시한다.

⑪ 전신 입욕은 1주에 2회 밤잠을 자기 전에 수온 36℃나 35℃에서 5~8분간 실시하고, 마지막에 수온 34℃나 33℃의 물을 끼얹는다.

⑫ 실외의 저수지에서의 수욕은 기온 25℃ 이상에서 수온 23℃ 이상의 경우 산책 시간에 하루에 1회 실시할 수 있다. 수욕의 길이는 3분에서부터 시작하여 점차 5~8분까지 연장하지만 계통적으로 단련되고 있는 6~7세아는 수욕 시간을 10~15분까지 연장할 수 있다.

CHAPTER

8

단련의 평가

CHAPTER 8

단련의 평가

1. 단련의 방법

단련을 실시할 때는 아이의 연령만으로 구별해서는 안 된다. 단련 방법을 적절히 선택하여 이용하기 위해서는 그 방법에 대한 아동 각자의 반응도 고려해야 한다. 아이의 행동이나 상태를 주의 깊게 관찰하면 비위(상태)나 기분이 좋지 않은 것을 알 수 있다. 물론 이러한 거부 반응은 아이가 병에 걸리려는 징조인 경우가 있다. 그렇기 때문에 무엇보다도 먼저 아이를 다른 아이들로부터 격리하여 의사에게 보여야 한다. 만약 아이가 실제로 건강하다면 아이의 일과 혹은 단련 방법에서 아이의 능력에 적합하지 않은 것이 있다는 것을 의미하고 그것을 아이가 받는 부담이 신체에 상응하는 것이 되도록 수정해야 한다.

유유아(乳幼兒)의 상태는 어떠한 징후에 의해 판단할 수 있을까? 먼저 첫째로 아이의 기분의 변화가 눈에 띈다. 기쁜 듯한 것, 안정,

주위에 대한 정상적인 반응은 좋은 상태인 것을 말한다. 만약 아이가 침울하거나 자주 울거나 너무 흥분하거나 까닭이 없이 웃거나 울면 이것은 아이의 신체 상태가 나쁜 경향을 표시하는 것이다.

아이가 유희나 과업에 적극적으로 참가하는 것은 아이의 기분이 좋다는 것을 말하고 있고, 활발하지 않고 별로 마음에 내키지 않는 모습, 혼자서 아파하는 것은, 기분이 나쁜 것을 나타내는 것이다. 아이는 기분이 좋으면 깨어 있는 시간의 마지막 무렵에 적당한 정도의 피로를 느끼고, 기분이 나쁠 때는 깨어 있는 시간의 처음에는 놀이에 적극적이고 과업에 흥미를 보여도 오랫동안 계속되지 않고 외톨이가 되고, 정해진 시간보다 빨리 잠이 든다.

유유아의 상태의 지표가 되는 것은 식욕과 수면이다. 아이가 순조로운 경우에는 식사에 집중하여 나이에 맞게 준비된 표준량의 요리를 전부 먹고, 상태가 좋지 않을 경우에는 비정상적으로 편식을 하고, 음식을 보고 칭얼거리며 금방 마음이 산란해져 빵이나 식기로 놀고, 많은 요리를 거부하고 때로는 먹는 것을 싫어한다.

아이의 기분이 좋으면 잠이 조용하고 깊으며, 침대에 눕히고 나서 5~10분 후에는 잠이 들고, 나이에 맞게 정상적인 시간에 잠을 잔다. 아이가 편안하게 자지 않고, 잠이 얕거나(자주 뒤척이고 쉽게 눈을 뜬다) 잠자리에 들고 난 후 좀처럼 잠이 들지 않거나(40분이나 그 이상) 때때로 잠을 자기 전에 몹시 흥분하거나 하는 것은 아이의 기분이 나쁘다는 것을 말하는 것이다.

바람직스럽지 못한 이러한 징후가 나타나는 경우에는 언제든지 아이의 일과나 단련의 형식과 방법을 수정하여 단련 작용을 약하게 한다(좀 더 나아가 어린 아이들을 위한 분량으로 한다). 예를 들면, 아이의 기분이 불안정하고 식욕, 수면이 나빠지고, 쇠약해 보이고, 피로도가 높아진 경우에는 병이 아니면 무엇인가 자극 요소(일광욕 등)의 과잉을 그 원인으로 볼 수 있고, 가능한 한 그것들을 제거하고 제한한다. 즉 신선한 공기 속에서의 조용한 놀이 시간을 많이 하고, 낮잠은 반드시 실외에서 자게 한다(특히 추운 계절). 물에 의한 자극이 강한 단련법(샤워)은 자극이 부드러운 방법(냉수마찰)으로 바꾼다. 일과나 단련을 수정한 후에 아이의 행동이나 상태가 좋아진 경우에는 그 방법이 올바르다는 것을 의미한다.

2. 단련의 효과

난련의 효과는 아이의 전신적인 그리고 신경적 · 심리적인 발달의 계통적인 감독에 기초하여 상응하는 연령 기준과 비교하는 방법에 의해 객관적으로 평가할 수 있다. 아이의 신체적인 발달은 신체 균형이나 인체 측정학적 또 생리학적인 지표의 끊임없는 변화를 특징으로 한다.

아이의 심리 작용의 변화 또한 발달의 총체적인 평가 속에서는 큰 의의를 지니고 있다. 그러나 단련은 정신의 발달에는 직접적인 영향을 주는 것이 아니고 단지, 중추신경조직과 고차 신경활동의 완성을 돕는 매개가 될 뿐이다.

아이의 건강 상태, 신경 · 심리적 또는 육체적인 발달을 연령 기준과 비교하여 실시되는 의사의 정기적인 평가는 아이의 올바른 체육 특히, 바르게 단련이 올바르게 실시되고 있는가, 어떤가를 판단하는 데 있어서 기본적인 표준이다.

찾아 보기

사 항

인 명

옮긴이 소개

팽영일

- 부산대학교 교육학과 문학사
- 부산대학교 교육학석사, 교육학박사
- 동서대학교 교수

〈주요 저서 및 논문〉

- 유아교육사상사(양서원, 1992), 유아교육사상의 이해(창지사, 1995), 아동의 상상력과 창조(창지사, 1999), 유아교육의 역사와 사상(양서원, 2000), 교육사상의 이해(형설출판사, 2003), 교육의 철학과 역사(양서원, 2004), 유아 노동교육(창지사, 2005) 등 다수
- Platon, Rousseau, Krupskaya, Suhomlinsky의 유아교육사상에 관한 연구, Makarenko의 훈육론, 훈육방법론으로서의 "전망", 한국의 유치원 교육의 발전과정, 해방 전후 부산지역에서의 유치원 발전과정, 아동의 학습권, 유토피아 사회에서의 교육 등 다수.

영유아를 위한 **신체건강지도**

초판인쇄 2007년 9월 15일
초판발행 2007년 9월 20일

저 자 스피리나
옮긴이 팽 영 일
발행인 김 현 태
발행처 태영출판사

주 소 (152-705) 서울 구로구 구로동 104-10 동남오피스텔 201호
전 화 02 · 839-3757, 839-3752
팩 스 02 · 837-3754
등 록 2005년 5월 30일 제12-421호
http://www.taeyeongbook.co.kr
E-mail tys2005@paran.com
ISBN 978-89-91777-75-0 93370
정 가 11,000원

* 잘못 만들어진 책은 교환해 드립니다.

NAVER 태영출판사